OCTAVIO JESÚS CASTILLO

NO
MUERAS
TRASCIENDE
EL AMBIENTE

¿NO HAS PODIDO TRASCENDER EN EL AMBIENTE QUE TE RODEA? ESTE

LIBRO ES LA LLAVE DE DIOS PARA ROMPER CON LA INCREDULIDAD Y SER

HONRADO DONDE FUISTE RECHAZADO.

© 2025 Octavio Jesús Castillo.

© 2025 Centro de Restauración Mundial.

Website: www.restauracionmundial.org

Email: book@restauracionmundial.org

Diseño y diagramación: Christenson Añez.

Centro de Restauración Mundial.

Impreso en Estados Unidos.

Distribuido por Centro de Restauración Mundial.

ISBN: 979-8-9993648-0-7

No mueras, trasciende el ambiente.

Nota sobre las versiones bíblicas utilizadas:

Las citas bíblicas de este libro han sido tomadas de distintas versiones de la Santa Biblia, usadas con permiso de sus respectivas editoras. Se incluyen la Nueva Versión Internacional (NVI) © Bíblica, Inc., la Reina Valera 1960 (RVR 1960) © Sociedades Bíblicas Unidas, la Palabra de Dios para Todos (PDT) © Bible League International, la Nueva Traducción Viviente (NTV) © Tyndale House Fundación, y la Traducción en Lenguaje Actual (TLA) © United Bible Societies. Todos los derechos reservados.

DEDICADO A

Primero, al Autor Supremo, Dios Todopoderoso, por ser la fuente divina de cada manifestación en mi vida. A Él, quien sostiene mi existencia, guía mis pasos y llena de propósito cada proyecto nacido de Su gracia. Gracias, mi Dios, por permitirme ser parte de Tu plan eterno.

Dedico este libro a los que fueron deshonrados por causa de su llamado. A los que caminaron entre los suyos, pero no fueron reconocidos. A los que hablaron palabra viva y fueron tratados como enemigos. A los que sirvieron con pasión, pero fueron heridos por la familiaridad de los que solo vieron su humanidad y no su unción.

Dedico estas páginas a los profetas silenciados, a los pastores incomprendidos, a los evangelistas malinterpretados, a los maestros señalados, y a los apóstoles perseguidos... no por el mundo, sino por aquellos que alguna vez compartieron su altar, su pan, su fe.

A ti, que lloraste en secreto por un juicio injusto. A ti, que fuiste desechado por quienes no entendieron el proceso que Dios usó para formarte. A ti, que dudaste de tu llamado por el peso del rechazo, pero sigues de pie porque el Espíritu te sostuvo. A ti, que decidiste amar en medio del desprecio y seguir predicando, aunque el dolor aún sangraba por dentro.

Este libro es para ti. Para recordarte que el cielo te conoce, te respalda y te vindicará. Que el mismo Jesús que fue rechazado, también fue exaltado. Que el aceite que llevas no depende de la aprobación de los hombres, sino del propósito eterno de Aquel que te ungió.

Y también lo dedico a una nueva generación... A los que se atreven a mirar con los ojos del Espíritu. A los que honran sin idolatrar, y corrigen sin des-

truir. A los que han entendido que la honra es la llave que abre los cielos, y que el juicio sin discernimiento es una trampa del infierno.

A ellos, y a ti que lees con hambre de verdad, te
entrego estas palabras como espada y bálsamo:
para confrontar, sanar, y encender una reforma de
honra en el Cuerpo de Cristo.

Con amor, lágrimas, y autoridad dada por el
Espíritu, dedico este libro a los olvidados del altar,
pero recordados por el cielo.

— **El Autor.**

AGRADECIMIENTOS

Primero y, ante todo, a Dios Todopoderoso, mi roca y refugio, quien en Su infinita misericordia y amor me ha permitido avanzar en el propósito que diseñó para mi vida. A Su hermoso Espíritu Santo, que con Su dulce presencia guía cada paso que doy, me llena de fuerza en los momentos difíciles y me provee todo lo necesario para continuar en este camino.

A mi amada esposa, quien no solo es mi compañera de vida, sino también la coautora silenciosa de cada proyecto. Gracias, mi amor, por tu comprensión, tu amor incondicional, tus oraciones constantes, y tu firmeza en los momentos en que más lo he necesitado. Sin tu apoyo, tu fuerza y tu entrega, nada de esto habría sido posible.

A mis hijos, que son un reflejo del amor de Dios en mi vida. Gracias por su apoyo moral, espiritual, y por afirmar mi propósito con cada palabra de aliento, cada gesto de amor, y cada oración que elevan por mí. Ustedes son una bendición inmensa que me impulsa a continuar.

Agradezco profundamente a cada instrumento que Dios ha usado para levantarme los brazos cuando el peso parecía ser demasiado. Cada palabra, cada acto de apoyo, y cada oración han sido bálsamo para mi alma y me han fortalecido en esta travesía.

A cada pastor que, con su amor y lealtad, ha sido un pilar en mí caminar espiritual. Gracias por mantenerme siempre presente en sus oraciones, por sus consejos sabios y por su fe en el llamado que Dios ha puesto en mi vida.

Y finalmente, a mi equipo ministerial, cuyo compromiso, creatividad, y dedicación han sido clave en cada proyecto que el Señor ha puesto en nuestras manos. Gracias por estar siempre atentos, por trabajar con excelencia y por aportar con pasión en cada etapa de este proceso. Este libro es fruto de la gracia y fidelidad de Dios, pero también del amor, el esfuerzo y la colaboración de todos ustedes. A cada uno, mi más profundo agradecimiento. Que Dios les bendiga abundantemente y recompense cada semilla de amor que han sembrado en mi vida.

– Con pasión para ustedes.

PRÓLOGO

(Con testimonio personal incluido).

Vivimos en tiempos donde el honor se ha diluido, la honra se ha confundido con idolatría, y el juicio se ha disfrazado de celo espiritual. En medio de un mundo religioso plagado de opiniones, redes sociales saturadas de críticas, y corazones llenos de escepticismo, se levanta una necesidad urgente: desenmascarar los obstáculos invisibles que impiden que el pueblo de Dios reconozca y reciba a los que el cielo ha escogido.

Este libro nace de una carga espiritual profunda. Es el clamor de tantos siervos de Dios que han sido silenciados, perseguidos, rechazados y juzgados... no por el mundo, sino por aquellos que alguna vez caminaron a su lado, compartieron su mesa, y recibieron palabra de su boca. Es una denuncia santa y a la vez, un llamado a la sanidad y restauración de la honra en el cuerpo de Cristo.

¿Por qué los profetas no son reconocidos en su propia tierra?

¿Por qué las caídas de los ungidos se celebran más que sus restauraciones?

¿Por qué una generación llena de dones es destruida por la crítica de quienes jamás han cargado su cruz?

Jesús mismo enfrentó esto: Fue despreciado por los suyos, limitado por la incredulidad de quienes lo conocían "de antes", y finalmente crucificado por un sistema religioso que no soportaba su autenticidad. Este patrón no ha cambiado. En cada nación, en cada continente, se repite el drama espiritual de la familiaridad que ciega, la incredulidad que detiene los milagros, y el juicio que anula a los que Dios ha ungido.

Testimonio personal.

Yo no escribo estas páginas desde la teoría ni desde la comodidad de una silla, sino desde las heridas de un proceso que marcó mi vida y ministerio. Fui rechazado por muchos que alguna vez celebraron mis mensajes. Fui juzgado por familiares espirituales que conocieron mis inicios, pero no pudieron discernir mi llamado. Cuando Dios empezó a levantarme con mayor autoridad, comenzaron los susurros: *"¿No es este el mismo de antes?"* y así, como le ocurrió a Jesús, la incredulidad de los cercanos intentó detener la manifestación del propósito de Dios en mí.

Hubo días en los que pensé en rendirme. No por falta de fe, sino por el peso de ser constantemente observado con ojos naturales, como si mi pasado invalidara el fuego que hoy arde en mi espíritu. Fui herido por quienes nunca me restauraron, pero aprendí que la gracia de Dios es más fuerte que la opinión humana, y que Su llamado no depende de la aprobación del entorno.

Dios me levantó no solo para predicar, sino para sanar a una generación marcada por ese mismo rechazo. Este libro es fruto de mi llanto, de mis oraciones y de mi restauración. No escribo para acusar, sino para alumbrar. No escribo para dividir, sino para confrontar en amor y provocar una reforma espiritual.

Un llamado urgente.

Este libro es una invitación a mirar con los ojos del Espíritu. A dejar de juzgar por lo que nuestros sentidos perciben, y comenzar a discernir por lo que el cielo ha determinado. Es un llamado a esta generación a dejar de repetir el error de Jerusalén: matar a los profetas que vinieron a salvarlos.

Es, también, una palabra profética que revela las consecuencias espirituales colectivas de esta ceguera: cielos cerrados, avivamientos detenidos, movimientos abortados, y generaciones enteras sin dirección.

Pero, sobre todo, es un mensaje de esperanza. Porque, así como Jesús fue rechazado, también fue vindicado. Así como muchos han sido heridos, también serán restaurados. Y así como la honra fue quitada en el pasado, Dios está levantando una generación que honrará, restaurará y protegerá a sus ungidos.

Te invito a leer con el corazón abierto. Este libro te confrontará, pero también te sanará. Te sacudirá, pero también te edificará. Porque cuando honramos a quien Dios honra, el cielo se abre, el poder se manifiesta, y la Iglesia avanza sin detenerse.

TABLA DE CONTENIDO

INTRODUCCIÓN

Imagina un viaje donde cada paso está guiado por un propósito divino, un camino donde lo visible y lo invisible se entrelazan para revelar el destino que Dios ha preparado para ti. Este es el camino del ministerio, un sendero lleno de desafíos y oportunidades, donde cada experiencia es una invitación a descubrir la profundidad del llamado de Dios en tu vida.

En este libro, te invitamos a explorar cómo el ambiente que nos rodea puede ser tanto un aliado como un obstáculo en nuestro viaje espiritual. Desde la familiaridad que puede nublar nuestra visión hasta la honra que abre puertas a la bendición, cada capítulo está diseñado para iluminar aspectos cruciales de nuestro caminar ministerial.

A través de las páginas que siguen, descubrirás cómo Jesús, el Hijo de Dios, enfrentó la incredulidad en su propia tierra y cómo su ejemplo nos enseña a mantener nuestra identidad en medio de la adversidad. Aprenderás a discernir cuándo permanecer y cuándo avanzar, confiando en que Dios te guiará a lugares donde tu mensaje será recibido y dará fruto.

Este libro es más que una guía; es una invitación a ver con ojos espirituales, a reconocer el potencial divino en ti y en los demás. Es un llamado a rodearte de una comunidad de fe que afirme tu vocación y te impulse hacia el propósito que Dios ha trazado para ti.

Imagina por un momento que tu vida es una semilla divina sembrada por Dios en un terreno específico. Fuiste plantado con propósito, con un diseño celestial que no vino de la tierra, sino del cielo. Pero a lo largo del camino, esa semilla ha tenido que luchar contra un ambiente que muchas veces no entiende, no valora y no celebra lo que Dios ha depositado en ti. Ese ambiente — que puede ser tu casa, tu ciudad, tu iglesia, tu círculo cercano — muchas veces no es terreno fértil, sino un campo de resistencia. Este libro nace precisamente para eso: para decirte que no mueras allí... que trasciendas.

Vivimos en una generación marcada por la familiaridad espiritual. Se celebra más lo conocido que lo ungido, se honra más lo popular que lo profético, y se escucha más a los que entretienen que a los que interceden. A muchos ministros se les exige frutos visibles, pero se les niega el terreno para crecer. Se juzga su pasado, se ignora su proceso, y se apaga su fuego con palabras disfrazadas de *"discernimiento"*.

Jesús, el Hijo de Dios, vivió esto. No fue rechazado por los romanos primero, sino por su propia gente. *"¿No es este el hijo del carpintero?"* — decían. Su poder era real, su palabra era vida, su espíritu estaba lleno... pero su entorno lo limitó. Y así como Él no fue recibido en su tierra, hoy también muchos siervos están siendo apagados por ambientes que no pueden ver más allá de lo natural.

Este libro es una alarma espiritual para una generación que no puede seguir enterrando a sus profetas, apagando a sus pastores, criticando a sus líderes, o deshonrando a quienes el cielo ha ungido. Es también una mano extendida hacia los heridos, los ignorados, los que sienten que su voz se ha apagado en medio de tanta opinión.

Es un grito profético que te dice: no te detengas por el ambiente, no mueras en la tierra que no te reconoce... porque Dios tiene otra tierra preparada donde tu voz será escuchada, donde tu fruto crecerá, y donde tu obediencia será recompensada.

Cada capítulo de este libro ha sido escrito con una mezcla de revelación bíblica, experiencias personales, y lágrimas verdaderas. Aquí encontrarás fundamentos espirituales para entender el peso del ambiente sobre tu llamado, pero también armas para romper con esas limitaciones. Aprenderás a identificar cuándo quedarte y cuándo avanzar, cuándo hablar y cuándo callar, y cómo honrar sin comprometer tu asignación.

Este libro no es un manual común. Es una experiencia espiritual. Es una exhortación amorosa y firme a no permitir que lo que otros no entienden en ti te robe la plenitud de lo que Dios ha puesto en ti. Es una invitación a discernir, a perdonar, a levantarte, a avanzar, a sanar y a seguir creyendo que, si Dios te llamó, también te respaldará, aunque el ambiente diga lo contrario.

Y si alguna vez has sido víctima del juicio, del rechazo, de la incomprensión o del silencio de los que alguna vez estuvieron cerca... entonces este libro es para ti. Porque aquí no solo vas a encontrar respuestas, vas a encontrar restauración.

No mueras donde Dios no te pidió que te entierren. Trasciende. Vive. Camina hacia el lugar donde tu unción será bienvenida y tu fruto reconocido. El Espíritu de Dios te está llamando a cruzar el umbral del ambiente natural y entrar en la atmósfera del propósito.

Este es tu tiempo. Este es tu llamado. Este es tu viaje y este libro es la señal de que no estás solo.

Prepárate para embarcarte en un viaje transformador, donde cada capítulo te desafiará a profundizar en tu relación con Dios y a abrazar la misión que Él te ha encomendado. Que estas páginas sean una fuente de inspiración y fortaleza, recordándote que, aunque el camino del ministerio esté lleno de desafíos, la recompensa de Dios es eterna y su respaldo es inquebrantable.

Bienvenido a un viaje de fe, descubrimiento y propósito. Que este libro sea una luz en tu camino y una guía en tu ministerio.

CAPÍTULO 1

LA INFLUENCIA DEL AMBIENTE EN EL LLAMADO DIVINO

¿Alguna vez has sentido que todo lo que Dios ha sembrado en tu corazón lucha por nacer, pero algo invisible lo detiene?

Quizás sea tu ambiente. Ese espacio donde vives, donde creces, donde compartes, puede ser el mayor aliado o el peor enemigo para el desarrollo de tu llamado divino.

Desde los inicios de la humanidad, Dios ha levantado hombres y mujeres con propósitos grandiosos. Sin embargo, el contexto en el que se desenvuelven puede marcar la diferencia entre un destino glorioso o un sueño que nunca se materializa. No es coincidencia que Jesús, el mismísimo Hijo de

Dios, enfrentara la resistencia más dura justamente en su tierra natal, Nazaret.

El ambiente: el campo donde crece la semilla del llamado.

Imagina una semilla de manzano. Si la siembras en tierra fértil, bien abonada, bajo el sol y con agua suficiente, crecerá fuerte y dará frutos. Pero si la plantas en un terreno pedregoso, árido o contaminado, la semilla luchará para abrirse camino, será débil y difícilmente prosperará.

Así sucede con nuestro llamado espiritual. El ambiente que nos rodea puede ser un campo fértil que nutra nuestro crecimiento, o un terreno hostil donde nuestra fe y propósito se marchitan. Muchas veces, sin darnos cuenta, nos quedamos en ese terreno árido, esperando que algo milagroso ocurra.

Una de las razones por las que muchos de los escogidos de Dios no logran trascender en su llamado es porque el ambiente en el que se encuentran no les permite afirmarse en aquello que Dios ha depositado en su interior. La atmósfera que nos rodea es crucial para el desarrollo del propósito divino en nuestras vidas.

Incluso Jesús experimentó esta realidad en su propio lugar de origen. A pesar de ser el Hijo de Dios, aquellos que lo conocían desde su infancia — sus amigos, vecinos y familiares — no pudieron reconocerlo como el Mesías. Su familiaridad con Él les impidió ver su verdadera identidad y creer en su poder.

La atmósfera que nos rodea juega un papel crucial en el desarrollo del propósito divino en nuestras vidas. A menudo, el entorno en el que nos encontramos puede impulsar o limitar nuestro avance espiritual.

Aunque Jesús cumplía cada una de las profecías mesiánicas, fue profundamente subestimado por quienes lo vieron crecer. En Nazaret, su propia tierra, la rutina compartida con su historia humana nubló la revelación de su identidad divina. Para muchos, seguía siendo *"el hijo del carpintero"*, y esa perspectiva limitada les impidió reconocer al Ungido que caminaba entre ellos, portando la plenitud del cielo.

Verso bíblico principal: Mateo 13:57-58 (RVR1960): *"Pero Jesús les dijo: No hay profeta sin honra sino en su propia tierra y en su casa. Y no hizo allí muchos milagros, a causa de la incredulidad de ellos."*

Este hecho bíblico donde el mismo Jesús lo manifestó se encuentra en tres autores diferentes a parte de Mateo 13:57, cuya interpretación fueron dadas de manera distinta, pero bajo una misma fuente:

Jesús mismo experimentó cómo la familiaridad impedía que lo reconocieran como el Ungido de Dios.

- **Marcos 6:4 – TLA (Traducción en Lenguaje Actual)** *"Pero Jesús les dijo: En todos lados se respeta a un profeta, menos en su propio pueblo, entre sus familiares y en su casa."*

Reafirma que la familiaridad puede llevar al desprecio de la autoridad espiritual.

- Lucas 4:24 – **PDT (Palabra de Dios para Todos).**

"Jesús continuó diciendo: Les aseguro que a ningún profeta lo aceptan en su propio pueblo."

- Juan 4:44 – **NTV (Nueva Traducción Viviente).**

"Él mismo había dicho que un profeta no es honrado en el lugar de donde proviene."

¿Por qué la familiaridad puede volverse un enemigo?

Cuando alguien es muy cercano, cuando lo hemos visto en nuestras debilidades y luchas cotidianas, tendemos a reducir su grandeza a lo que vemos en la superficie. Esto genera una especie de limitación mental y espiritual, una caja donde encerramos a esa persona, negándonos a aceptar que puede ser mucho más de lo que conocemos.

Este fenómeno es tan poderoso que puede hacer que la gente más cercana se convierta en los críticos más duros de nuestro llamado.

Este escenario nos enseña sobre la importancia de un ambiente que afirme y sostenga nuestro llamado divino. Así como la incredulidad de los habitantes de Nazaret limitó la obra de Jesús, un entorno negativo o incrédulo puede restringir nuestra capacidad para cumplir el propósito que Dios ha trazado para nosotros.

Es esencial rodearnos de personas y situaciones que alimenten nuestra fe y nos impulsen hacia el destino que Dios ha preparado. La presencia de aquellos que reconocen y valoran la obra de Dios en nuestra vida puede ser determinante en el desarrollo de nuestro ministerio. Esto nos lleva a reflexionar sobre la necesidad de discernir nuestro entorno y, de ser necesario, buscar lugares y comunidades donde nuestra vocación pueda florecer y ser reconocida.

Al comprender la dinámica de cómo el ambiente influye en nuestro llamado, podemos tomar medidas intencionadas para cultivar una atmósfera que aliente nuestra relación con Dios y honre la unción con la que Él nos ha revestido. Este discernimiento nos ayudará a evitar caer en el mismo patrón de las Relaciones superficialmente conocidas, que impidió ver la obra de Dios en el ejemplo bíblico de Nazaret.

Esto sucedió porque muchos de los que lo rodeaban habían visto a Jesús en cada etapa de su vida: se relacionaron superficialmente de manera natural con el niño que jugaba en las calles de Nazaret, con el joven que crecía en sabiduría y estatura, el adulto que trabajaba como carpintero. Lo conocían en su humanidad, en sus momentos de infancia, de crecimiento, incluso en sus aparentes debilidades. Quizás lo vieron caer y llorar de niño, enfermarse alguna vez, experimentar el cansancio o el hambre. Sin embargo, lo que sus ojos naturales percibían no les permitió ver ni conocer, la profundidad de lo que El portaba, la gloria de su verdadera identidad.

La Escritura declara en Juan 1:10-11: *"En el mundo estaba, y el mundo por él fue hecho; pero el mundo no le conoció. A lo suyo vino, y los suyos no le recibieron."* Aquellos que crecieron con Él solo veían su humanidad, pero no pudieron discernir su divinidad. La ceguera espiritual que cubre este mundo les impidió reconocer el manto celestial que lo revestía como el Mesías.

Un llamado a la reflexión personal.

¿En qué ambiente estás sembrando tu llamado? ¿Es un lugar que nutre tu espíritu o que lo seca poco a poco? ¿Tu entorno te apoya o te limita?

A menudo, la respuesta a estas preguntas nos exige valentía. Quizás es momento de discernir si el lugar donde estamos es realmente donde Dios quiere que florezcamos, o si es tiempo de buscar nuevos espacios, nuevas comunidades, nuevos vínculos que reconozcan y valoren la unción que Dios ha puesto en nosotros.

El dolor de la falta de honra en lo cercano.

Quizás el dolor más profundo no viene de extraños o enemigos visibles, sino de aquellos que, por estar cerca, deberían amarnos y apoyarnos.

Cuando el entorno familiar, la iglesia o la comunidad se vuelven críticos o indiferentes, el desgaste espiritual es enorme. Nos encontramos batallando con la incredulidad no solo del mundo, sino de quienes deberían ser nuestros pilares.

Esto no es un castigo, sino una prueba para fortalecer la fe y la perseverancia.

Jesús como ejemplo de resiliencia y sabiduría espiritual.

Aunque el ambiente de Nazaret no fue propicio, Jesús no se dejó vencer. Su misión no dependía de la aprobación de su gente cercana. Él se movió hacia otros lugares, predicó, sanó y ministró con poder.

Su ejemplo nos enseña que no debemos permitir que un ambiente negativo nos detenga. Podemos y debemos buscar lugares donde nuestro llamado sea reconocido y nutrido.

¿Por qué es importante que la rutina compartida no anule el reconocimiento y la honra hacia el escogido de Dios?

Porque la familiaridad constante — es decir, la exposición continúa al lado humano de un escogido — puede enterrar el respeto espiritual que debe mantenerse intacto para que el fluir divino no se apague. Cuando el pueblo comienza a ver más al hombre que al portador de la gloria, ocurre una desconexión espiritual peligrosa: la fe ya no se activa al oírlo, la honra se convierte en crítica y el ambiente se vuelve resistente al mover de Dios.

En otras palabras: la rutina compartida puede apagar el misterio que sostiene el respeto espiritual. *El llamado de Dios no depende de perfección humana, sino de propósito divino.* Cuando un pueblo pierde la capacidad de ver más allá de las debilidades, errores o hábitos cotidianos de un ungido, se bloquea el canal por donde Dios quería bendecir, hablar y obrar.

La importancia de cultivar un ambiente de fe.

El ambiente es también una responsabilidad. No solo debemos buscar ambientes que nos edifiquen, sino ser nosotros mismos agentes que crean espacios de fe y honra para otros.

Rodearse de personas que creen en ti, que te apoyan y animan es fundamental. Estas relaciones son como el agua fresca que revitaliza y fortalece el espíritu.

¿Cómo interfiere esto en la fe?

La fe es expectativa espiritual, es ver con los ojos del espíritu lo que el ojo natural no alcanza. Pero cuando el ojo natural se impone — es decir, cuando la mente comienza a ver solo al hombre, al amigo, al vecino o al *"antiguo conocido"* — se pierde el enfoque espiritual, y con ello la fe deja de fluir.

"Y no pudo hacer allí ningún milagro... y estaba asombrado de la incredulidad de ellos." — (Marcos 6:5-6)

Este texto no dice que Jesús no quiso, sino que no pudo. ¡El ambiente contaminado por la incredulidad lo limitó!

Aquí te comparto lo que Pablo dijo al respecto, con análisis bíblico para que puedas incluirlo en tu libro:

No conocer a nadie según la carne.

2 corintios 5:16 (RVR1960):

"De manera que nosotros de aquí en adelante a nadie conocemos según la carne; y aun si a Cristo conocimos según la carne, ya no lo conocemos así."

Pablo está enseñando que el verdadero discernimiento no se basa en la relación natural o lo que sabemos del pasado de alguien, sino en lo que el

Espíritu revela. Aunque conocimos a Jesús "según la carne", ya no podemos seguir viéndolo solo como un hombre, sino como el Cristo glorificado.

Pablo está diciendo que ver al ministro de Dios solo con ojos naturales limita tu capacidad de recibir de él lo que Dios ha depositado en su espíritu. Este texto es una llave poderosa contra la familiaridad y la incredulidad.

¿Quién eres tú para juzgar al siervo ajeno?

Romanos 14:4 (RVR1960):

"¿Tú quién eres, que juzgas al criado ajeno? Para su propio señor está en pie, o cae; pero estará firme, porque poderoso es el Señor para hacerle estar firme."

Análisis:

Pablo exhorta contra el juicio espiritual hacia los siervos de Dios. Él deja claro que el único que tiene autoridad para sostener, restaurar o desechar a un escogido es Dios mismo.

Aplicación al tema:

Muchos hoy se sienten con autoridad para destruir a un ministro por su pasado, errores o humanidad. Pero Pablo advierte que ese juicio puede ser un acto de rebelión contra el mismo Dios que lo levantó.

El Apóstol Pablo hace un llamado a no rendirse.

El apóstol Pablo nos exhorta:

"No nos cansemos de hacer el bien, porque a su tiempo segaremos si no desmayamos." (Gálatas 6:9)

No permitas que la falta de apoyo o la incredulidad de otros apaguen la llama de tu llamado. Dios ha sembrado en ti un propósito eterno, y nadie puede detener lo que Él ha decretado.

El ambiente como campo de batalla espiritual.

Finalmente, es vital entender que el ambiente es un campo de batalla. No solo luchamos contra circunstancias externas, sino contra principados espirituales que buscan limitar nuestro avance.

Orar, discernir y tomar decisiones sabias sobre dónde vivir, servir y crecer es parte del proceso espiritual.

Importante reflexión:

¿Qué cambios necesitas hacer en tu entorno para que tu llamado pueda florecer?

¿Cómo puedes ser un instrumento para transformar ambientes de incredulidad en espacios de fe?

¿Estás dispuesto a salir de la zona de confort para buscar el lugar donde Dios quiere que tu llamado se manifieste plenamente?

CAPÍTULO 2

LA RUTINA COMPARTIDA COMO
OBSTÁCULO ESPIRITUAL

La rutina compartida o la comúnmente llamada familiaridad, cuando no es discernida espiritualmente, puede convertirse en un velo que ciega los ojos del corazón y limita la percepción divina. Aquel que fue enviado por Dios para liberar, enseñar o sanar, corre el riesgo de ser visto con ligereza por quienes lo conocen de forma cotidiana. Lo que comenzó como comunión o convivencia puede convertirse en la raíz de una percepción contaminada por lo natural, impidiendo discernir lo sobrenatural que Dios ha depositado en esa persona. Esto no es un fenómeno nuevo. Jesús mismo fue desacreditado por sus paisanos en Nazaret, no por falta de poder, sino por exceso de conocimiento humano acerca de su pasado. Lo vieron como *"el hijo del carpintero"*, no como el Hijo de Dios.

Jeremías fue también objeto de desprecio en su tierra. Aunque hablaba la palabra de Jehová, su mensaje fue ignorado, su voz fue acallada, y su autoridad, cuestionada. La gente lo conocía desde joven, y esa cercanía impidió que honraran su manto profético.

En todos estos casos, el exceso de enfoque en lo natural y en lo cotidiano se volvió una trampa espiritual. El ojo humano se habituó a la imagen externa del escogido y perdió la sensibilidad para percibir lo que Dios estaba haciendo internamente. Esta actitud no solo afecta al siervo que es menospreciado; también cierra las puertas al pueblo que lo rechaza. Donde no hay honra, no hay milagros; donde no hay discernimiento, no hay liberación; donde no hay fe, la gloria no se manifiesta.

Este mismo patrón sigue operando hoy. Muchos líderes, pastores, profetas y ministros son desestimados por sus círculos más cercanos. Familias, congregaciones e incluso regiones enteras (pueblos, ciudades y naciones) se vuelven estériles espiritualmente porque han aprendido a ver al ungido solo como un ser común, llegando inclusive a cuestionarse su vida personal, es por ello que hay lugares que son cementerios espirituales donde no puede prosperar una obra de Dios. Han perdido la reverencia al diseño de Dios y, sin saberlo, se han convertido en tropiezo al propósito que portan aquellos que los podrían llevar al siguiente nivel espiritual.

Por eso, la rutina compartida debe estar sujeta a una conciencia espiritual. El hecho de conocer a alguien de cerca no debe anular nuestra capacidad de honrar su asignación divina. El Espíritu Santo nos llama hoy a despertar los sentidos del alma y a ver a los escogidos de Dios con ojos del cielo, no con ojos del pasado.

La familiaridad nace cuando dejamos de honrar lo que una vez nos impactó, cuando la rutina reemplaza la reverencia y cuando el conocimiento humano ocupa el lugar de la fe. Se manifiesta en frases como: *"Ese es solo el pastor"*, *"Ya lo escuché predicar"*, o *"Siempre hace lo mismo"*. Estas expresiones revelan que el corazón ha caído en una actitud peligrosa, donde ya no se espera nada nuevo de lo que Dios puede hacer a través de alguien o de una atmósfera que antes era fuente de transformación.

Jesús y la familiaridad en su tierra.

En Marcos 6:1–6 encontramos una escena que retrata claramente cómo la familiaridad puede limitar incluso la manifestación del poder divino. Jesús volvió a Nazaret, su ciudad, y aunque enseñaba con sabiduría y hacía milagros en otros lugares, en su tierra no pudo hacer muchos milagros *"a causa de la incredulidad de ellos"*.

"¿No es este el carpintero, el hijo de María, hermano de Jacobo, de José, de Judas y de Simón? ¿No están también aquí con nosotros sus hermanas? Y se escandalizaban de Él." (Marcos 6:3)

La gente no pudo ver al Hijo de Dios porque estaban demasiado enfocados en el hijo del carpintero. Lo conocían desde niño, habían comido con Él, visto crecer a su familia, y por eso no podían asociar lo ordinario con lo divino. La familiaridad los cegó. Jesús, el Mesías, el portador de salvación, estaba frente a ellos... pero su percepción natural bloqueó su fe espiritual.

Verso bíblico principal: Isaías 53:2-3 (RVR1960):

"Subirá cual renuevo delante de él, y como raíz de tierra seca; no hay parecer en él, ni hermosura; le veremos, mas sin atractivo para que le deseemos. Despreciado y desechado entre los hombres, varón de dolores, experimentado en quebranto; y como que escondimos de él el rostro, fue menospreciado, y no lo estimamos."

Isaías 53:2-3 describe cómo la apariencia terrenal de Jesús cegó a muchos a la gloria de su misión celestial. Este pasaje profético destaca que, a pesar de su divinidad, Jesús no fue reconocido por su pueblo debido a su apariencia común y su vida ordinaria.

Cuando el entorno se convierte en velo del propósito.

Existe una tensión sutil, casi imperceptible, que se activa en el mismo ambiente donde dimos nuestros primeros pasos, donde se tejieron nuestras memorias, y donde nuestras cicatrices quedaron marcadas en el tiempo. Es una atmósfera densa, cargada de recuerdos, expectativas y etiquetas impuestas por quienes nos vieron crecer. Allí — en ese mismo suelo que nos sostuvo en la infancia — también se libra una de las batallas más intensas del alma: el desafío de ser reconocidos espiritualmente por aquellos que solo conocen nuestra historia humana.

Lo cotidiano se convierte en un velo. Lo conocido, en un muro invisible. Cuanto más cerca estuvieron de nuestra humanidad, más difícil les resulta discernir la gloria depositada en lo profundo. La cercanía natural comienza a oscurecer la luz del llamado eterno. La gente se habitúa a ver al mensajero, pero no escucha al mensaje. El portador del diseño divino se vuelve irrelevante para quienes han reducido su identidad al pasado, al ayer, a lo que fueron y no a lo que ahora portan.

No es casual que muchos de los que han sido llamados por Dios deban enfrentarse primero con el juicio de los que comparten su entorno original. Es en ese cruce entre lo terrenal y lo eterno, donde el propósito es probado, donde el fuego interior debe resistir los susurros de incredulidad que dicen: *"¿Acaso este no es...?"*. Allí comienza el misterio de la honra, del reconocimiento y de la fe que ve más allá del traje ordinario para descubrir al enviado del cielo.

Quien no logra vencer ese ambiente limitante, corre el riesgo de morir espiritualmente en la cuna de su propósito. Pero quien lo trasciende, se convierte en señal viviente del Reino, en testimonio del Dios que unge en lo secreto y exalta en lo público. Porque solo los que tienen ojos del espíritu pueden ver al libertador dentro del hermano, al rey dentro del pastor, al profeta dentro del hombre común.

¿Cómo es posible que el ambiente que nos formó sea el mismo que intente limitar el llamado eterno que llevamos?

Porque en la atmósfera se guarda nuestra historia, pero también se cristalizan las etiquetas que el mundo nos ha impuesto. Y estas etiquetas, cuando no se rompen a través del discernimiento espiritual, se convierten en yugos que intentan impedir que avancemos hacia lo que Dios ha preparado. Otros ejemplos de estos encontramos:

Moisés: El líder cuestionado por su pasado.

Moisés representa al llamado que nace en medio del trauma y la contradicción. Fue criado como príncipe en Egipto, pero nacido como esclavo hebreo. Asesinó a un egipcio en un intento fallido de hacer justicia, y huyó como fugitivo. Cuando el fuego del propósito lo llama desde la zarza ardiente, lo hace en un momento de anonimato, no de gloria. Y Moisés, consciente de su pasado, le dice a Dios: *"¿Quién soy yo?"*

Pero el entorno no solo lo había marcado a él. También el pueblo al que fue enviado lo cuestionaba. En más de una ocasión, Israel murmuró contra él. Decían: *"¿Quién te puso por príncipe sobre nosotros?"* El pasado de Moisés, su tartamudez, sus errores y sus dudas fueron razones suficientes para que muchos no lo vieran como el libertador. Sin embargo, Dios no llama según el juicio del entorno; llama según el propósito eterno.

El entorno vio un hombre inseguro; Dios vio a un profeta que hablaría cara a cara con Él.

Rahab: La fe que rompe la reputación.

Rahab vivía en un ambiente que definía a las personas por su pecado. En Jericó, ella era conocida como una prostituta. Su casa era un lugar de paso, no de respeto. Sin embargo, cuando los espías de Israel llegaron, encontraron en ella un corazón temeroso de Dios y lleno de fe. Rahab ocultó a los enviados del Señor, y esa acción, nacida de una convicción espiritual, transformó su vida.

El entorno la había etiquetado, pero el cielo la redimió. Rahab no solo fue salva, sino que fue injertada en la línea mesiánica. Lo que el mundo desechó, Dios lo injertó en el linaje de su Hijo. Aquí entendemos que el juicio humano nunca tiene la última palabra. Lo que se necesita es una fe lo suficientemente atrevida como para romper la narrativa del pasado.

El ambiente la conocía por su pecado; Dios la conocía por su propósito.

Pablo: El asesino transformado en Apóstol.

Saulo de Tarso era temido por la Iglesia. Su fama como perseguidor de cristianos lo precedía.

Cuando tuvo un encuentro con Cristo camino a Damasco, su transformación fue inmediata. Pero no fue fácil. Los discípulos no creyeron en él. Dudaron, temieron y cuestionaron. El entorno espiritual tampoco estaba listo para aceptar que un hombre como él pudiera ser ahora un mensajero del evangelio.

Pero Pablo no solo fue restaurado; fue exaltado. Dios le reveló misterios que no habían sido dados ni a Pedro ni a los demás apóstoles. Fundó iglesias, escribió epístolas, y vivió consumido por la gracia. La voz de su entorno lo rechazó; la voz del cielo lo envió.

El ambiente recordaba su violencia; Dios reveló su comisión.

Cada uno de estos ejemplos bíblicos nos enseña que el entorno puede ser una escuela de formación o una prisión de juicio. Depende de nosotros, y de nuestra fe, decidir si seremos definidos por la percepción de los hombres o por el diseño de Dios.

¿Te llaman "el que falló"? Dios te llama "mi escogido".

¿Te recuerdan por tu caída? Dios te recuerda por tu misión.

¿Solo te ven como el amigo, el hermano, el vecino? Dios ve a un ministro eterno.

Trascender la atmósfera no significa huir de ella, sino avanzar más allá de su percepción. Es vivir de acuerdo al propósito eterno, no al juicio temporal. Es tener la valentía de ser enviado, incluso por encima del rechazo. Es mantenerte firme en tu identidad, aunque otros solo vean tu historia. Otras referencias bíblicas donde Dios se exalto y que por sus condiciones pasadas fueron duramente cuestionadas, encontramos:

María Magdalena – De oprimida a testigo de la resurrección.

Pasado: Endemoniada con siete espíritus (Lucas 8:2).

Señalada por: Su historia espiritual oscura. Dios la usó para: Ser la primera en ver a Jesús resucitado y anunciar la victoria de Cristo (Juan 20:16−18). Lo que la gente recuerda de tu pasado, Dios lo transforma en tu testimonio más poderoso.

Gedeón − El cobarde escondido que se volvió libertador.

Pasado: Temeroso, escondido, de la familia más pobre de Manasés (Jueces 6:15) Señalado por: Su insignificancia y falta de valentía. Dios lo usó para Ser juez y libertador de Israel, derrotando a los madianitas con solo 300 hombres.

Dios no llama a los capacitados; capacita a los que llama.

Rut − La extranjera excluida que fue redimida.

Pasado: Moabita, viuda y sin respaldo.

Señalada por: Su nacionalidad y condición. Dios la usó para Ser parte del linaje mesiánico (Rut 4:13-17; Mateo 1:5). Lo que parece maldición por sangre, Dios lo convierte en canal de redención.

Leví (Mateo) – De recaudador despreciado a escritor del Evangelio.

Pasado: Publicano, considerado traidor por su pueblo (Mateo 9:9-13).

Señalado por: Colaborar con Roma y cobrar impuestos. Dios lo usó para Ser apóstol y autor del Evangelio según Mateo. El sistema te etiqueta por lo que haces; Jesús te llama por lo que ve en ti.

La mujer samaritana – Rechazada, pero convertida en evangelista.

Pasado: Cinco maridos, viviendo con uno que no era el suyo (Juan 4:18).

Señalada por: Su inmoralidad. Dios la usó para Provocar un avivamiento en Samaria (Juan 4:39)

Un encuentro con Jesús puede cambiar una reputación por una misión.

Tamar – De vergüenza a canal mesiánico.

Pasado: Viuda, disfrazada como prostituta para lograr descendencia (Génesis 38).

Señalada por: Su estrategia escandalosa. Dios la usó para Ser parte del linaje de Cristo (Mateo 1:3) Dios escribe Su historia con personas imperfectas, pero redimidas.

David – De adúltero señalado a hombre conforme al corazón de Dios.

Pasado: Adulteró con Betsabé y mandó matar a su esposo (2 Samuel 11) Señalado por Pecado grave y abuso de poder. Dios lo usó para Establecer el reinado más glorioso y ser ejemplo de adoración y arrepentimiento (Hechos 13:22) El quebranto genuino posiciona al caído en el trono de la gracia.

Pedro – De negador temeroso a líder valiente.

Pasado: Negó a Jesús tres veces (Lucas 22:61).

Señalado por Cobardía e hipocresía. Dios lo usó para Predicar el primer sermón del avivamiento en Pentecostés (Hechos 2). Tus fracasos no cancelan tu llamado; te forman para ejercerlo con humildad.

Sansón – De fallar con mujeres a cumplir su propósito final.

Pasado: Juez desobediente, cayó por su debilidad con Dalila (Jueces 16) Señalado por Derrochar su unción, Dios lo usó para Derrotar más filisteos en su muerte que en toda su vida (Jueces 16:30) Aunque caíste, si hay arrepentimiento, el propósito puede cumplirse.

Zaqueo – De ladrón público a transformado radical.

Pasado: jefe de publicanos, considerado un pecador (Lucas 19:2-8) Señalado por Su corrupción y enriquecimiento ilícito, Pero Dios lo usó para Mostrar cómo la salvación puede transformar a alguien por completo, un corazón dispuesto puede cambiar toda una historia en un solo encuentro con Jesús.

Jesús lo hizo. Moisés, Rahab y Pablo lo hicieron, así como muchos otros. Y tú, por la gracia que te ha sido dada, también puedes hacerlo.

Otra connotación humana que puede ir contra lo que Dios determino en un escogido, lo podemos ver en un ejemplo bíblico que ilustra el peligro de la familiaridad, como tal es el caso de María y Aarón, quienes cuestionaron la autoridad de Moisés. En Números 12:1-2, 9-10, vemos cómo su familiaridad con Moisés los llevó a deshonrarlo, olvidando el manto sagrado que Dios había puesto sobre él. Este acto de deshonra resultó en el juicio divino, recordándonos que la familiaridad puede nublar nuestra visión espiritual y llevarnos a subestimar la obra de Dios en los demás.

La Escritura nos enseña que cuando nos familiarizamos demasiado con la autoridad de Dios, podemos perder la capacidad de ver su obra en los demás. Este principio se aplica hoy en día: en nuestras iglesias y comunidades, podemos caer en la trampa de ver solo lo humano en aquellos que han sido llamados por Dios, ignorando la unción y el propósito divino que llevan.

Para superar este obstáculo, es esencial cultivar una actitud de reverencia y respeto hacia aquellos que Dios ha llamado. Debemos esforzarnos por ver más allá de lo natural y reconocer el potencial divino en cada persona. Esto implica orar por discernimiento espiritual y pedir a Dios que nos ayude a ver a los demás como Él los ve.

Además, es importante recordar que la familiaridad no solo afecta nuestra percepción de los demás, sino también cómo nos perciben a nosotros. Como ministros y líderes, debemos ser conscientes de que aquellos que nos conocen bien pueden no siempre reconocer nuestra autoridad espiritual. Sin embargo, esto no debe desanimarnos. En lugar de ello, debemos mantenernos firmes en nuestro llamado y confiar en que Dios abrirá los ojos de aquellos que necesitan ver.

David y sus hermanos.

Cuando el profeta Samuel fue enviado por Dios a ungir al próximo rey de Israel, fue a la casa de Isaí en Belén. Allí, Isaí presentó a sus hijos mayores, pero Dios no eligió a ninguno de ellos. Finalmente, Samuel pidió ver a David, el hijo menor, que estaba cuidando las ovejas. A pesar de que sus propios hermanos no lo consideraban digno de ser llamado, Dios vio en David un corazón conforme a Su voluntad.

Verso bíblico relevante: 1 Samuel 16:7 (RVR1960): *"Y Jehová respondió a Samuel: No mires a su parecer, ni a lo grande de su estatura, porque yo lo desecho; porque Jehová no mira lo que mira el hombre; pues el hombre mira lo que está delante de sus ojos, pero Jehová mira el corazón."*

Este pasaje nos enseña que la familiaridad de los hermanos de David con él como el menor y pastor de ovejas les impidió ver el potencial y el llamado que Dios había puesto en su vida. Ellos veían a David solo como el hermano menor, sin reconocer la unción que Dios había destinado para él como futuro rey de Israel.

La familiaridad no tiene límites y no se restringe solo a los lazos sanguíneos. Puede manifestarse en el entorno de la iglesia, en el lugar donde naciste, entre amistades, en el trabajo y en los estudios, e incluso entre quienes te han visto caer en el pasado. Cuando la percepción de las personas queda atrapada en estos aspectos familiares, se vuelven ciegas para reconocer el manto sagrado y la unción del escogido por Dios. En lugar de ser una bendición, se convierten en un obstáculo, ya que sus aportes provienen del alma y no del Espíritu, causando tropiezos.

La inestabilidad emocional como la deshonra de quienes rodean a un instrumento de Dios con un llamado santo puede afectar profundamente su estado espiritual. Aunque el espíritu está siempre dispuesto, los ataques emocionales y espirituales pueden causar un deterioro en el escogido, llevándolo a menguar. Esto puede resultar en que muchos se retiren al anonimato, aislándose de su entorno, o caigan en un estado de desánimo y depresión que los lleva a tomar decisiones trágicas. El enemigo espiritual utiliza estas circunstancias para desviar a los siervos de Dios. Por eso, es crucial estar alerta y preparados para contrarrestar estos ataques, trascendiendo las dificultades para cumplir con el plan divino. Tomar decisiones alineadas con el Reino de Jesús es esencial, como lo demuestra la experiencia de Elías y otros siervos bíblicos que enfrentaron temor y depresión, deseando incluso la muerte.

Elías.

1 Reyes 19:3-4: Después de su victoria sobre los profetas de Baal, Elías huyó por temor a Jezabel, quien amenazó con matarlo. Se sintió tan abrumado que pidió a Dios que le quitara la vida, diciendo: *"Basta ya, oh Jehová, quítame la vida, pues no soy yo mejor que mis padres."*

Moisés.

Números 11:14-15: Moisés se sintió abrumado por la carga de liderar al pueblo de Israel y expresó su desesperación a Dios, diciendo: *"No puedo yo solo soportar a todo este pueblo, que me es pesado en demasía. Y si así lo haces tú conmigo, yo te ruego que me des muerte."*

Números 12:1-2: Moisés fue deshonrado por su propia familia, María y Aarón, quienes cuestionaron su autoridad. Dijeron:

"¿Solamente por Moisés ha hablado Jehová? ¿No ha hablado también por nosotros?" Esta falta de reconocimiento de su llamado provocó la ira de Dios.

Jeremías 20:14, 18: Jeremías, conocido como el profeta llorón, también experimentó momentos de profunda angustia y maldijo el día de su nacimiento debido a las dificultades que enfrentaba en su ministerio.

Jeremías 12:6: Jeremías enfrentó traición y deshonra incluso de su propia familia.

Dios le advirtió: *"Aun tus hermanos y la casa de tu padre, aun ellos han sido desleales contigo."*

Reflexión.

Estos ejemplos muestran cómo la familiaridad y la deshonra pueden nublar la percepción del llamado divino en los siervos de Dios. Sin embargo, a pesar de estos desafíos, cada uno de ellos continuó cumpliendo su propósito con la ayuda y el respaldo de Dios. Estos relatos nos enseñan la importancia de mantenernos firmes en nuestra identidad y misión, confiando en que Dios ve y honra nuestro verdadero valor y llamado.

Para superar este obstáculo, es importante pedir a Dios discernimiento y la capacidad de ver más allá de las apariencias y las relaciones familiares, porque mientras mayor sea nuestra cercanía con las vidas de estos escogidos mayor debe ser nuestra búsqueda en Dios para no perder la visión que nos hagan distorsionar lo que ellos representan en el mundo Espiritual. Debemos estar abiertos a la posibilidad de que Dios esté trabajando de maneras inesperadas en las vidas de aquellos que nos rodean.

La familiaridad puede ser un obstáculo significativo en el reconocimiento de la unción y el llamado divino. Al buscar activamente ver con ojos espirituales y alentar a otros a hacer lo mismo, podemos superar este desafío y permitir que la obra de Dios se manifieste plenamente en nuestras vidas y comunidades.

Cuando el conocimiento natural opaca la revelación espiritual.

La familiaridad no solo se manifiesta en lo que se dice, sino también en cómo se percibe lo espiritual. Es un enemigo silencioso de la honra y la revelación. Puede estar presente en una congregación donde la gente ya no responde al mensaje como antes, no porque la Palabra haya perdido poder, sino porque el corazón se ha vuelto insensible por la rutina. El pueblo se acostumbra a la unción, al mover del Espíritu, y deja de discernir lo que el Cielo está haciendo.

Muchos creyentes, líderes y discípulos pierden bendiciones porque ya no honran lo que una vez los levantó. Dejan de orar con hambre, de buscar con intensidad, y lo peor: comienzan a ver lo espiritual como algo "normal". Pero el Reino de Dios no se mueve en lo común, sino en lo sobrenatural que nace de la fe y la honra.

El problema de muchos no es el diablo, sino su corazón. Han llegado a un punto donde ya no se maravillan, ya no se estremecen, ya no se rinden. Todo les parece conocido. Ya no lloran en el altar, ya no tiemblan ante la Palabra. Se han familiarizado con la gloria... y la gloria se ha detenido.

Honra y acceso.

Donde hay honra, hay acceso a la gloria eterna. Y donde hay familiaridad, hay bloqueo espiritual. La honra es la llave que abre lo eterno en lo natural. Es reconocer el valor de lo que Dios ha puesto frente a ti. La familiaridad cierra puertas que solo la honra puede abrir. Si no honras la fuente, no puedes beber del manantial.

El Espíritu Santo no se manifiesta donde hay irreverencia. Por eso, muchas veces, Dios lleva a sus siervos a otras tierras, a otros pueblos, a otras generaciones. Porque en casa, entre los suyos, ya no son valorados. Esto lo vivió Jesús... y lo viven muchos siervos que han sido llamados por Dios.

Muchos discípulos no crecen porque se han familiarizado con sus mentores.

Muchas iglesias pierden el fuego porque se han familiarizado con la unción que las formó. No es que Dios no esté, es que ya no lo buscan con la misma honra.

"El que recibe profeta por cuanto es profeta, recompensa de profeta recibirá." (Mateo 10:41)

La honra genera recompensa. La familiaridad genera estancamiento.

Rutina que apaga el fuego: en la familia, el matrimonio y el ministerio.

Esta actitud silenciosa pero destructiva también amenaza los hogares. Ocurre cuando el esposo deja de admirar a su esposa, y ella a él; cuando se olvidan las promesas, los pequeños gestos y los pactos que alguna vez los unieron. El amor no se extingue por falta de pasión, sino por la rutina que anestesia el asombro y erosiona el honor mutuo.

En el ministerio, lo que parece cercanía o confianza puede volverse una negligencia espiritual. El discípulo deja de aprender, el líder se vuelve intocable, el servidor pierde la excelencia. Todos se conocen, pero ya nadie crece. La costumbre reemplaza la reverencia, y el mover de Dios comienza a estancarse.

En las relaciones espirituales, esta desconexión interna es letal. Muchos líderes que fueron levantados como columnas del avivamiento hoy son tratados como comunes por quienes alguna vez caminaron con ellos. El hábito de verlos como "uno más" ha nublado la capacidad de discernir la gloria que portan. Sin embargo, Dios nunca retira Su respaldo de aquellos que ha ungido, aunque el entorno ya no lo valore.

El trato casual hacia el instrumento divino debilita el vínculo con el reino y su manifestación.

Dios no se mueve donde no es honrado. El Espíritu Santo se contrista donde no es valorado. Una atmósfera espiritual puede estar cargada de gloria, pero si los corazones están endurecidos por la costumbre, no se producirá nada. Dios no se manifiesta en un lugar simplemente porque esté lleno de gente, sino porque hay hambre, fe y honra.

"Porque donde está tu tesoro, allí estará también tu corazón." (Mateo 6:21)

Si tu tesoro está en lo sagrado, lo honrarás. Pero si ya no valoras lo que el Cielo te dio, tu corazón se volverá insensible.

Cuidado con habituarte a lo divino.

¿Sabías que incluso los discípulos de Jesús lucharon con la familiaridad? Cuando Jesús calmó la tormenta, se preguntaban:

*"¿Quién es este que aun el viento y el mar le obe-
decen?"* (Marcos 4:41). Lo conocían, pero aún no lo
entendían. Estaban tan cerca del Milagroso, que a
veces olvidaban su divinidad.

El peligro de la cercanía mal administrada es
que puede apagar la percepción espiritual. Por eso
es vital caminar siempre con reverencia, con hambre, con asombro. Nunca te acostumbres a la gloria.
Nunca pienses que ya lo viste todo. Dios es infinito.
Siempre tiene más.

¿Cómo romper el vínculo de la familiaridad que subestima?

Reconociendo el error del corazón. Pídele al
Espíritu Santo que te muestre si has caído en
esta actitud.

Volviendo a la honra. Honra lo que Dios te dio.
Valora a tus pastores, tu iglesia, tu llamado, tu ma-
trimonio, tu tiempo con Dios.

Recuperando el asombro. Vuelve a orar como si fuera la primera vez. Vuelve a leer la Biblia con hambre. Vuelve a llorar en el altar. Vuelve a buscar.

Pidiendo al Espíritu Santo sensibilidad. Solo Él puede quitar el velo de la costumbre y darte ojos nuevos para ver lo que antes dabas por sentado.

Nunca te acostumbres a la Gloria.

La gloria de Dios no es un espectáculo, es un misterio sagrado. No se explica, se honra. No se analiza, se experimenta con temblor.

Hoy, puedes volver a mirar con asombro lo que un día estremeció tu alma. La presencia que antes te quebrantaba aún está disponible... pero quizás ya no la ves porque tu corazón se volvió común ante lo eterno.

No fue Dios quien se detuvo. Fue tu espíritu el que se adormeció en la rutina. Pero si hoy decides regresar con hambre, con reverencia, con lágrimas sinceras y una pasión renovada... volverás a ver Su gloria.

Recuerda: lo que no se honra, se apaga. Y lo que se menosprecia, se retira.

"Pero en cuanto a mí, el acercarme a Dios es el bien; he puesto en Jehová el Señor mi esperanza, para contar todas tus obras." (Salmo 73:28)

CAPÍTULO 3

EL ORGULLO ESPIRITUAL Y LA CEGUERA DEL ALMA

Cuando el ojo natural impone su juicio sobre lo eterno. Uno de los enemigos más silenciosos pero letales del mover de Dios es el orgullo disfrazado de madurez. Es una barrera invisible que no solo apaga la sensibilidad espiritual, sino que establece filtros humanos sobre lo que debe o no debe ser considerado divino. Este orgullo se reviste de autoridad, de trayectoria, de conocimiento... pero en realidad es una fortaleza mental que rechaza todo aquello que desafía su zona de control.

Es la altivez del alma la que impide reconocer cuando Dios decide hablar a través de un instrumento no previsto, cuando unge a alguien que no encaja en los moldes religiosos, cuando rompe esquemas para revelar Su gloria. Quienes se aferran a sus estructuras terminan despreciando lo que no entienden. Por eso, muchos hoy rechazan a los que Dios ha levantado, simplemente porque no vienen según la expectativa que han edificado como *"santa"*.

La generación que no vio a Dios a causa de sus filtros mentales.

En el tiempo de Jesús, esto fue evidente. No fue el pueblo pagano quien más lo resistió, sino los religiosos. Los que estudiaban las Escrituras no pudieron discernir al Verbo hecho carne. Los que hablaban de la gloria no la reconocieron cuando caminó por sus calles. ¿La razón? Conocían demasiado lo externo, pero habían perdido la capacidad de ver más allá.

"¿No es este el hijo del carpintero?" (Mateo 13:55)

Esta pregunta no es solo histórica. Es el eco de una mentalidad que sigue viva hoy: reducir el mover de Dios a lo familiar, lo esperado, lo razonable. Cuando lo natural se convierte en el filtro, lo sobrenatural es descartado como exageración o herejía. Así se bloquean los cielos y se abortan los avivamientos.

Hoy se repite el patrón.

Así como Israel se perdió la visitación de Dios por su arrogancia teológica, también esta generación corre el peligro de cerrar su corazón a lo que el cielo está desatando. Y no por falta de señales, sino por exceso de filtros mentales. En muchas iglesias, ministerios e incluso naciones enteras, se ha institucionalizado la desconfianza, se ha canonizado la crítica, y se ha crucificado a los nuevos enviados antes de escucharlos.

Es posible conocer la ley y no conocer al Espíritu. Es posible predicar la verdad y resistir al Verbo. Es posible levantar altares y, al mismo tiempo, matar a los profetas que Dios envía a corregirnos.

Una ceguera que no es física, sino espiritual.

Cuando el alma se enorgullece de lo que sabe, deja de estar abierta a lo que Dios quiere revelar. Se convierte en juez de los vasos, pero ignora el aceite. Se burla del mensajero por su acento, su pasado o su estilo, sin discernir que carga un depósito celestial. Así fue con David — menospreciado por su juventud — y con José — rechazado por sus propios hermanos —. Así es hoy con muchos que han sido quebrados, moldeados, llenos del Espíritu, pero descartados por ojos que solo ven lo de afuera.

Una invitación a ver con el Espíritu.

Este capítulo no es una acusación, sino una advertencia profética. Hay milagros que no suceden porque aún hay atmósferas que resisten lo nuevo de Dios. Hay ungidos que han sido silenciados porque el sistema no supo lidiar con su autenticidad. Pero también hay una esperanza: el Espíritu Santo sigue despertando corazones que no juzgan por la vista ni por el oído, sino por el Espíritu (Isaías 11:3).

La pregunta no es si Dios está hablando. La verdadera pregunta es:

¿Estamos dispuestos a escuchar sin prejuicio? ¿Estamos listos para reconocer Su gloria en vasos que no esperábamos?

Orgullo espiritual: el velo del alma.

El orgullo espiritual funciona como un velo que impide ver con claridad. Isaías 6:9-10 describe a un pueblo que oye, pero no entiende, que ve, pero no percibe, porque su corazón se ha endurecido. Este velo espiritual sigue operando cuando creemos saberlo todo, cuando juzgamos rápidamente lo que no encaja en nuestra tradición, cuando preferimos la forma al fondo, lo espectacular a lo verdadero.

Lucas 18:9-14 relata la parábola del fariseo y el publicano. El primero oraba consigo mismo, enumerando sus méritos. El segundo, humillado, pedía misericordia. Jesús declaró justificado al publicano. Hoy, muchos oran como el fariseo, confiando en su doctrina, su linaje o su plataforma, mientras desprecian a quienes Dios está usando de forma nueva.

Una generación visual, pero no espiritual.

Esta nueva generación ha sido condicionada por la inmediatez y lo estético. Valora más una presentación que una convicción, más una emoción que una transformación. Pero Dios sigue usando personas comunes, con pasados imperfectos, que han sido tocadas por Su gracia. El reto es que muchos, por estar tan enfocados en lo externo, no logran discernir lo interno.

Tal como en los tiempos de Jesús, esta generación corre el riesgo de perder visitaciones divinas por prejuicio, por incredulidad y por una visión limitada a lo "aceptable" para el sistema religioso. El Mesías vino en un cuerpo sencillo, sin atractivo humano, sin fama previa. Y así sigue viniendo hoy: en profetas anónimos, en pastores humildes, en adoradores sin luces ni contratos.

¿Cómo se rompe este ciclo?

Examinando nuestro corazón: Debemos pedir al Espíritu Santo que revele si hay orgullo espiritual en nosotros. ¿Descalificamos a alguien por su pasado, por su apariencia o por no pertenecer a nuestro grupo? ¿Valoramos más la forma que el fruto?

Abrazando la humildad:

El quebrantamiento abre los ojos. *"Dios resiste a los soberbios, pero da gracia a los humildes"* (Santiago 4:6). La humildad nos posiciona para ver lo que otros no ven y recibir lo que otros rechazan.

Reeducando nuestra perspectiva espiritual:

La fe no se basa en la reputación del mensajero, sino en la verdad del mensaje. Dios ha usado burros, pescadores, viudas, niños y hasta enemigos para cumplir Su voluntad. Nuestra perspectiva debe alinearse con el Reino, no con la religión.

Abriendo Nuestro Corazón a lo Nuevo de Dios: No todo lo nuevo es verdadero, pero lo verdadero siempre confrontará lo viejo. El avivamiento muchas veces nace fuera del templo, y lo que hoy juzgamos podría ser lo que mañana necesitamos.

Una llamada al despertar.

Dios está rompiendo estructuras mentales. Está levantando una generación profética que no calza en el molde tradicional. Pero para abrazarla, la Iglesia debe sanar de su ceguera, liberarse del juicio apresurado y renunciar al orgullo espiritual.

Este capítulo no es solo una advertencia, es una invitación: a mirar con los ojos del Espíritu, a discernir con el corazón de Dios y a valorar lo que Él valora.

Así como Jesús fue rechazado por los suyos, también serán rechazados aquellos que vienen con unción fresca. Pero, así como el Reino no se detuvo entonces, tampoco se detendrá hoy.

CAPÍTULO 4

SUPERANDO LA FAMILIARIDAD Y LA INCREDULIDAD

Para trascender a estos tipos de ambientes, es esencial desarrollar una visión espiritual que nos permita ver más allá de lo natural y reconocer lo que el Padre ha depositado en sus escogidos. La Escritura nos enseña que Dios no se fija en las apariencias externas, sino que mira el corazón.

Este principio se ilustra claramente en la elección de David como rey de Israel (1 Samuel 16:7 (RVR1960).

"Y Jehová respondió a Samuel: No mires a su parecer, ni a lo grande de su estatura, porque yo lo desecho; porque Jehová no mira lo que mira el hombre; pues el

hombre mira lo que está delante de sus ojos, pero Jehová mira el corazón." 1 Samuel 16:7 (RVR1960)

Dios, en Su soberanía, escoge a quienes quiere, y muchas veces lo hace a través de instrumentos inesperados, lo que representa una ofensa para aquellos cuya percepción está limitada por la vista natural. Por eso, muchas veces los profetas no son reconocidos en su tierra, los apóstoles son cuestionados por su pasado y los siervos de Dios son despreciados por quienes crecieron a su lado.

Este pasaje nos recuerda que la verdadera esencia de una persona no se encuentra en su apariencia o en su posición social, sino en su corazón y en su disposición a obedecer a Dios. La verdadera familia espiritual, por lo tanto, se define no por lazos de sangre, sino por la obediencia a Dios y la disposición a cumplir Su voluntad.

El Apóstol Pablo el ministro que llevo la Gracia de Cristo a los gentiles de la época, expreso: Dios escoge lo que el mundo desprecia.

"Sino que lo necio del mundo escogió Dios, para avergonzar a los sabios; y lo débil del mundo escogió Dios, para avergonzar a lo fuerte; y lo vil del mundo y lo menospreciado escogió Dios, y lo que no es, para deshacer lo que es, a fin de que nadie se jacte en su presencia." 1 Corintios 1:27-29 (RVR1960)

Pablo destruye el sistema de evaluación humana basado en apariencia, posición o reconocimiento social. En el contexto del libro, este pasaje valida la idea de que muchos menosprecian a los ungidos de Dios por conocer su origen, su pasado o sus debilidades visibles. Pero es precisamente allí donde Dios manifiesta Su gloria, usando lo que otros rechazan para confundir a los sabios y orgullosos.

No conocemos a nadie según la carne.

"De manera que nosotros de aquí en adelante a nadie conocemos según la carne; y aun si a Cristo conocimos según la carne, ya no lo conocemos así." 2 Corintios 5:16 (RVR1960)

Pablo enseña que el creyente maduro no debe juzgar a los siervos de Dios desde una óptica humana o carnal. Incluso Jesús fue visto desde una perspectiva terrenal por quienes se escandalizaron de su sencillez. Pablo nos invita a ir más allá de la percepción natural y a tener una visión espiritual que reconozca lo que Dios ha depositado en cada vaso. Esto confronta directamente la cultura de la sospecha, el chisme y el juicio superficial dentro del cuerpo de Cristo.

El espiritual juzga todas las cosas; pero él no es juzgado de nadie." (1 Corintios 2:15)

Esto significa que el discernimiento espiritual nos permite ver más allá de lo visible, reconocer a los ungidos, honrar a quien Dios honra, y no caer en el error de juzgar según la carne. Pablo lo vivió en carne propia, siendo despreciado muchas veces por su pasado como perseguidor de la iglesia (Hechos 9), pero restaurado y levantado por Dios como apóstol a las naciones.

Un enemigo del reconocimiento espiritual.

La familiaridad es peligrosa porque produce una falsa percepción de dominio sobre la persona. *"Lo conozco"*, decimos, y con eso cerramos el corazón a lo nuevo que Dios está haciendo en esa vida. En Nazaret, la ciudad donde Jesús creció, la familiaridad produjo incredulidad. Ellos no pudieron recibir los milagros que Él tenía preparados porque lo veían como *"el hijo del carpintero"*.

Hoy muchos creyentes viven atrapados en una visión limitada por lo cotidiano. No logran reconocer la unción en quienes caminan a su lado — el líder que les instruye, el hermano que ha sido procesado por Dios, o el siervo que ha crecido en medio de ellos — y, por causa de esa miopía espiritual, desactivan el fluir del Reino en sus propias vidas. La incredulidad no solo detiene los milagros; también bloquea el crecimiento interno de quienes no aprenden a recibir de lo que Dios ha puesto cerca.

Jesús redefine la familia espiritual.

Cristo rompe los esquemas sociales y redefine los vínculos espirituales al declarar:

"Porque todo aquel que hace la voluntad de mi Padre que está en los cielos, ese es mi hermano, y hermana, y madre." (Mateo 12:50 RVR1960)

Esto nos desafía a ir más allá de las relaciones naturales y a valorar las conexiones espirituales basadas en la obediencia y el cumplimiento del propósito divino. No se trata solo de compartir apellido o historia, sino de caminar bajo la misma visión del cielo.

La obediencia a Dios se convierte en el vínculo que une verdaderamente a los hijos del Reino. La familia espiritual no está determinada por la sangre terrenal, sino por la sangre de Cristo.

Cuando la gracia redefine lo que el juicio quiso cancelar.

Jesús vino no solo a sanar enfermos y libertar cautivos, sino a revelar la perspectiva del cielo sobre quienes han sido señalados por la caída, pero elegidos por el propósito. Él confrontó el juicio religioso de su tiempo, no justificando el pecado, sino manifestando un amor que transforma. En su trato con la mujer adúltera, no la excusó, pero tampoco la condenó. En lugar de eso, reveló que el verdadero poder del Reino no es anular al caído, sino restaurarlo para su mayor propósito.

Este principio eterno está perfectamente reflejado en cómo el Padre vio a David. Aunque el hombre natural lo recordaría como adúltero y asesino, Dios lo sigue llamando *"un hombre conforme a mi corazón"* (1 Samuel 13:14). ¿Por qué? Porque la caída no define la totalidad de un destino, pero sí revela a quién corre el corazón cuando cae. David no huyó de Dios... corrió hacia Él. Y es ahí donde la gracia se activa.

Jesús, en su ministerio, rompió la estructura mental de una generación que creía que el pecado eliminaba la unción. Pero en el Reino, el quebrantamiento puede convertirse en la plataforma del mayor respaldo divino. La caída de Pedro no lo inhabilitó; fue después de negar a Jesús que se convirtió en la roca sobre la cual Cristo edificó la Iglesia.

¿Por qué? Porque la gracia no termina donde el hombre tropieza; comienza donde el corazón se rinde.

Esta es la perspectiva que el Espíritu Santo está devolviendo a Su Iglesia: No mirar con ojos humanos al que cayó, sino discernir si ese corazón aún palpita por Dios. No condenar por el pasado, sino colaborar con la restauración de su llamado eterno. No matar con juicios religiosos, sino cubrir con la gracia que reconstruye destinos.

La generación que Jesús está levantando no se escandaliza del quebrantado, se escandaliza del que juzga sin restaurar. Porque cuando Dios llama a alguien, no lo hace por su perfección, sino por su disposición a morir al ego y vivir para el propósito, aún después de haber fallado.

Caminos prácticos para romper la familiaridad y vencer la incredulidad.

Oración y Discernimiento: Pedir a Dios que nos dé ojos espirituales para ver más allá de lo visible. La oración nos conecta con el corazón de Dios y nos ayuda a discernir Su obra en las vidas de los demás.

"Clama a mí, y yo te responderé, y te enseñaré cosas grandes y ocultas que tú no conoces." (Jeremías 33:3 RVR1960)

El discernimiento espiritual nos libra de juzgar a los demás por su pasado, apariencia o contexto. Solo así podemos reconocer a los enviados de Dios, aunque vengan en vasos sencillos.

Rodearnos de personas de Fe: Es vital estar en comunidad con personas que afirmen nuestra fe y nos impulsen a desarrollar el propósito de Dios en nuestras vidas. Estas relaciones nos fortalecen y nos animan a seguir adelante, incluso cuando enfrentamos incredulidad.

"El hierro con hierro se aguza; Y así el hombre aguza el rostro de su amigo." (Proverbios 27:17)

El ambiente de incredulidad puede sofocar incluso la unción más poderosa. Así como Jesús no hizo muchos milagros en Nazaret por causa de su incredulidad, también hoy la fe de una comunidad es clave para desatar lo sobrenatural.

Fomentar la obediencia a Dios: Alentarnos mutuamente a vivir en obediencia a Dios, reconociendo que nuestra verdadera identidad y propósito se encuentran en hacer Su voluntad.

"Y Samuel dijo: ¿Se complace Jehová tanto en los holocaustos y víctimas, como en que se obedezca a las palabras de Jehová? Ciertamente el obedecer es mejor que los sacrificios..." 1 Samuel 15:22 (RVR1960)

Cuando obedecemos, manifestamos nuestra confianza total en Dios, y eso rompe el poder de la incredulidad.

Reconocer el potencial en los demás: Aprender a ver a las personas como Dios la ve, reconociendo el potencial y el llamado que Él ha puesto en sus vidas. Esto nos ayuda a honrar y apoyar a aquellos que han sido escogidos por Dios.

"De manera que nosotros de aquí en adelante a nadie conocemos según la carne..." (2 Corintios 5:16)

Esto no es emocionalismo, ni favoritismo espiritual, es aprender a ver con discernimiento. ¿Cuántos ungidos han sido rechazados por aquellos que no supieron ver el plan eterno de Dios en sus vidas?

Reflexión:

Superar la familiaridad y la incredulidad no es solo un cambio de mente, sino una transformación del corazón. Es decidir ver con fe, honrar con intención, y recibir con humildad. Significa entender que Dios es libre de usar a quien Él quiera, cuando Él quiera, y como Él quiera... incluso a los que tenemos demasiado cerca.

La familiaridad endurece. La incredulidad paraliza. Pero la fe honra y activa. Si queremos ver a
Dios moverse en nuestras familias, iglesias y ciudades, debemos romper los velos de lo natural y
abrazar la revelación espiritual. Que este capítulo
sea un llamado a todos los que anhelan ver la gloria
de Dios manifestarse: ¡aprende a ver con los ojos
del cielo.

CAPÍTULO 5

RECOMENDACIONES PARA MINISTROS EN AMBIENTES DESAFIANTES

El ejercicio del ministerio no siempre florece en terrenos fértiles. Hay lugares donde el entorno espiritual se vuelve hostil, no por persecución externa, sino por el desgaste interno de corazones endurecidos, percepciones contaminadas y una atmósfera que bloquea la honra y apaga la fe.

Ante estos escenarios, es fundamental que el ministro del Reino aprenda a identificar las señales que indican que está operando en un ambiente adverso — no para huir inmediatamente, sino para discernir estrategias que le permitan trascender.

Discernir la atmósfera espiritual: cuando lo invisible grita más que las palabras.

Antes de toda oposición verbal o actitud evidente, hay un "ambiente invisible" que comienza a revelarse: falta de expectativa espiritual, ausencia de honra, miradas críticas disfrazadas de cordialidad, y una resistencia inexplicable al mover del Espíritu. Todo parece seguir "funcionando", pero lo profético se seca, lo sobrenatural se reduce, y la Palabra que antes impactaba, ahora apenas es escuchada.

Este ambiente no siempre se manifiesta con hostilidad abierta. Muchas veces es una pasividad disfrazada de respeto, pero en el fondo, es la incredulidad operando en silencio.

Cómo identificar señales claves de resistencia espiritual en un lugar:

- Cuando el pasado del ministro pesa más que la unción presente. Las personas comentan más lo que saben de tu historia que lo que Dios está haciendo hoy contigo.

- Cuando los milagros son recibidos con asombro, pero no con fe. Se celebra lo extraordinario, pero no se honra la fuente de donde viene.

- Cuando hay una confianza superficial, pero ausencia de honra verdadera. Las personas se acercan como amigos, pero no reciben como discípulos.

- Cuando las reuniones están llenas, pero los corazones están cerrados. Hay presencia física, pero no hay apertura espiritual.

- Cuando las palabras del siervo se examinan, pero no se obedecen. Se vuelve común escuchar, pero no aplicar.

Estas son evidencias claras de un ambiente que ha perdido la capacidad de reconocer lo que el cielo ha depositado.

Rompiendo el ciclo: cómo trascender el entorno que apaga tu asignación.

Jesús mismo lo dijo: *"No hay profeta sin honra sino en su propia tierra..."* (Mateo 13:57). Pero también demostró que la solución no es pelear con el ambiente, sino trascenderlo. ¿Cómo?

- Cambiando de escenario cuando sea necesario. Jesús no permaneció en Nazaret tratando de forzar lo que no fue recibido. Siguió su camino, llevando la gloria a quienes sí estaban dispuestos a recibirla. *A veces, el mayor acto de obediencia no es resistir... sino soltar.*

- Guardando el corazón sin dejarse contaminar. No te vuelvas igual al ambiente que te resiste. La ofensa, el orgullo herido o la frustración pueden intoxicar más que el rechazo.

- Aferrándote a la voz que te envió. Cuando la tierra te cuestiona, recuerda quién fue el cielo que te llamó. El propósito de Dios no está sujeto a la validación del lugar donde naciste o comenzaste.

- Activando la fe en otros territorios. Jesús realizó muchos más milagros en lugares donde no lo conocían de manera natural, pero lo discernían espiritualmente. La honra libera la gloria.

Ministro de Dios, si sientes que tu voz ha sido silenciada en tu entorno, no es señal de que has fallado, sino de que tu asignación ha madurado. Quizás llegó el momento de dejar la tierra donde sembraste para recoger la cosecha en otros campos. No todos los ambientes son para toda la vida. Y si fuiste rechazado donde te conocieron, serás celebrado donde te reconozcan.

Superando el ambiente identificado:

Para superar la familiaridad y la incredulidad es reconocer el ambiente espiritual en el que uno está operando. Esto requiere discernimiento espiritual.

La Biblia nos enseña que *"el hombre natural no percibe las cosas que son del Espíritu de Dios, porque para él son locura, y no las puede entender, porque se han de discernir espiritualmente."* (1 Corintios 2:14)

Cuando percibas que esta atmosfera está afectando tu ministerio, no te desanimes. Recuerda que incluso Jesús enfrentó esta realidad. Pero también recuerda que hay estrategias espirituales para superar este desafío.

Cambiando la atmósfera espiritual.

No toda tierra está estéril por naturaleza; muchas veces está seca por incredulidad acumulada. Y aunque esta incredulidad puede parecer un muro impenetrable, la atmósfera espiritual no es un destino final, sino una condición que puede ser transformada.

La incredulidad, cuando se establece, crea un ambiente donde lo divino parece distante y lo sobrenatural se ve como una rareza. Apaga la expectativa, neutraliza la fe colectiva y convierte lo santo en algo común. Pero hay herramientas espirituales que Dios ha dado a Su Iglesia para revertir estas condiciones:

1. Adoración que abre el cielo.

La adoración verdadera no es solo un canto, es una atmósfera que entroniza a Dios (Salmo 22:3). Cuando el pueblo se une a adorar con corazón puro, se produce un cambio en el ambiente espiritual. La adoración sincera rompe la densidad espiritual de la incredulidad, trayendo luz donde había sombra y fe donde había duda.

Donde hay verdadera adoración, hay habitación divina. Y donde Dios habita, lo imposible se vuelve in-evitable.

Exalta el Nombre de Jesús.

La adoración tiene el poder de cambiar la atmósfera. Cuando Pablo y Silas fueron encarcelados en Filipos, la atmósfera espiritual de la prisión cambió cuando ellos comenzaron a orar y a cantar himnos a Dios.

La Biblia dice que *"sobrevino de repente un gran terremoto, de tal manera que los cimientos de la cárcel se sacudían; y al instante se abrieron todas las puertas, y las cadenas de todos se soltaron."* (Hechos 16:26)

La adoración exalta a Dios y destruye el poder de la incredulidad.

2. Oración ferviente que abre portales.

La oración persistente no solo cambia situaciones externas; cambia la condición interna del ambiente.

Como lo vemos en Hechos 4:31, cuando la iglesia oró con fervor, *"el lugar donde estaban congregados tembló; y todos fueron llenos del Espíritu Santo."*

La oración activa la intervención divina, sacude estructuras invisibles, desactiva fortalezas mentales y emocionales, y permite que lo celestial interfiera en lo terrenal. La incredulidad no resiste una atmósfera saturada de clamor genuino.

3. Predicación ungida que sacude corazones.

La Palabra predicada con unción es dinamita espiritual. No solo informa, sino que transforma. En Hechos 2, Pedro — el mismo que había negado a Jesús — se levanta bajo la unción del Espíritu y predica de tal forma que *los oyentes fueron "compungidos de corazón."* (Hechos 2:37)

"La fe viene por el oír, y el oír por la palabra de Dios." Romanos 10:17

Cuando se predica con convicción del cielo, la fe resucita y la incredulidad se derrumba.

Resultado de una atmósfera transformada:

- Donde antes había crítica, comienza a fluir revelación.

- Donde había apatía, se enciende pasión por lo eterno.

- Donde había resistencia, se activa el quebrantamiento.

- Y donde había incredulidad... comienzan los milagros.

No aceptes el ambiente como inmutable. Tú fuiste llamado para cambiarlo, no para adaptarte a él. Si Dios te ha plantado en tierra seca, es porque desde tu vida puede brotar una fuente. No temas al rechazo inicial; enciende la atmósfera con adoración, oración y palabra viva... y verás cómo la incredulidad se rinde ante la gloria de Dios manifestada.

Confrontando la incredulidad con amor y verdad.

Jesús nunca evitó confrontar la incredulidad, pero lo hizo con amor y verdad. En Marcos 9:23-24, un hombre pidió a Jesús que sanara a su hijo poseído por un espíritu maligno.

Cuando el hombre expresó dudas, Jesús le dijo: *"Si puedes creer, al que cree todo le es posible"*. El hombre respondió: *"Creo; ayuda mi incredulidad."*

Habla la verdad en amor.

Cuando enfrentes incredulidad en otros, no reacciones con ira ni frustración. En cambio, habla con amor y autoridad. La Palabra de Dios es la espada del Espíritu (Efesios 6:17) y tiene el poder de penetrar corazones.

Práctica recomendada:

- Predica mensajes centrados en la fe y en el poder de Dios.

- Usa testimonios de milagros y transformaciones como herramientas para edificar la fe.

- Centra la palabra bajo el poder del espíritu Santo de Dios para que su mover sea efectivo en los corazones de las personas.

Testimonios del Espíritu Santo.

El testimonio del Espíritu Santo es fundamental para cambiar la percepción de aquellos que están atrapados en la familiaridad, en el juicio y la incredulidad. La Biblia dice que el Espíritu Santo testifica con nuestro espíritu que somos hijos de Dios (Romanos 8:16). El Espíritu Santo no lo detiene lugar, ni distancia, El actúa y da testimonio de cada uno de los hijos de Dios, Él puede hablarle a alguien que tu conozcas para que dé testimonio de ti a otras personas, de quien eres tú para Dios.

Permite que el Espíritu Santo testifique.

Cuando el Espíritu Santo obra, él da testimonio a través de milagros, sanidades y palabras proféticas. Estos testimonios pueden abrir los ojos de aquellos que antes no creían.

Práctica recomendada:

- Ora para que el Espíritu Santo se manifieste en cada servicio.

- Crea espacio para que las personas compartan testimonios de lo que Dios ha hecho en sus vidas.

Fomentando la unidad en el espíritu.

La unidad es clave para romper la incredulidad. En Hechos 2:1-4, los discípulos estaban *"unánimes juntos"* cuando el Espíritu Santo descendió en Pentecostés.

Fomenta la unidad y la oración colectiva.

Un pueblo dividido no puede experimentar el poder de Dios. La unidad abre las puertas para un derramamiento fresco del Espíritu Santo.

Práctica recomendada:

Organiza tiempos de oración y ayuno con personas que te honren y reconozcan tu llamado.

Fomenta relaciones basadas en amor incondicional de Dios y el respeto mutuo.

Jesús mismo modeló continuamente la oración como un arma para disipar las atmósferas de oposición a su llamado. Él se retiraba a orar cuando estaba rodeado de tensión, incredulidad o malentendidos, y buscaba la atmósfera del cielo.

Cuando era rodeado por multitudes y necesitaba dirección.

"Mas él se apartaba a lugares desiertos, y oraba." Lucas 5:16 (RVR60)

Se retiraba a orar constantemente, no solo en crisis. Sabía que sin presencia no hay propósito.

Antes de elegir a sus discípulos (rodeado de inmadurez futura).

Lucas 6:12-13 (RVR60) *"En aquellos días él fue al monte a orar, y pasó la noche orando a Dios. Y cuando era de día, llamó a sus discípulos, y escogió a doce de ellos."*

Oró toda la noche para poder escoger correctamente a pesar de saber que entre ellos había un Judas.

Después de hacer milagros, cuando el ambiente quería desviarlo del propósito.

Juan 6:15 (RVR60) *"Pero entendiendo Jesús que iban a venir para apoderarse de él y hacerle rey, volvió a retirarse al monte él solo."*

La oración lo mantenía centrado en el propósito, no en la fama ni las expectativas humanas.

En Getsemaní, en su momento más difícil y rodeado de incomprensión.

Mateo 26:36-39 (RVR60) *"Entonces llegó Jesús con ellos a un lugar que se llama Getsemaní...Y adelantándose un poco, se postró sobre su rostro, orando y diciendo: Padre mío, si es posible, pase de mí esta copa..."*

En el lugar de presión, oró hasta que la voluntad de Dios lo fortaleció para enfrentar la cruz.

En el monte de la transfiguración, antes de revelarse a los más íntimos.

Lucas 9:28-29 (RVR60)...*Jesús tomó a Pedro, a Juan y a Jacobo, y subió al monte a orar. Y entre tanto que oraba, la apariencia de su rostro se hizo otra...*

La oración no solo cambia el ambiente: te transforma a ti primero.

No depender del reconocimiento humano.

Jesús enfrentó el rechazo, pero su misión no se detuvo. En Juan 5:41, Jesús declara: *"Gloria de los hombres no recibo."* Este versículo nos enseña que la verdadera validación proviene de Dios, no de los hombres.

Práctica recomendada:

Mantén tu mirada en Aquel que te llamó. No busques validación en quienes no tienen la capacidad espiritual de reconocerte. Sigue avanzando con la certeza de que Dios es quien te respalda. Recuerda que tu valor y propósito están definidos por Dios, no por la opinión de los demás.

Discernir cuándo permanecer y cuándo moverse.

Jesús no insistió en Nazaret, sino que ministró donde había fe.

Mateo 10:14 nos instruye: *"Y si alguno no os recibiere, ni oyere vuestras palabras, salid de aquella casa o ciudad, y sacudid el polvo de vuestros pies."*

Práctica recomendada:

No te desgastes donde no hay apertura. Hay momentos para insistir, pero también hay momentos para seguir adelante. Dios te enviará a lugares donde tu mensaje será recibido y dará fruto. Aprende a discernir cuándo es tiempo de permanecer y cuándo es tiempo de moverse.

Mantente firme en tu identidad y autoridad espiritual.

La respuesta de Pedro a Jesús en Mateo 16:16 reafirma la identidad divina: *"Tú eres el Cristo, el Hijo del Dios viviente."* Esta declaración subraya la importancia de conocer y afirmar nuestra identidad en Dios.

No todos reconocieron a Jesús como el Mesías, pero eso no cambió quién era Él.

Práctica recomendada:

No permitas que el rechazo o la familiaridad de otros definan quién eres en Dios. Mantente firme en tu identidad y en la autoridad que Dios te ha dado, aunque los demás no lo vean. Tu identidad en Cristo es inmutable y no depende de la aceptación de los demás.

No dejes de operar en el poder de Dios.

Base bíblica: Mateo 13:58 – *"Y no hizo allí muchos milagros, a causa de la incredulidad de ellos."*

Aunque Jesús no hizo muchos milagros en Nazaret, continuó su ministerio en otros lugares. Esto nos enseña que la incredulidad de algunos no debe detener el fluir del Espíritu Santo.

Práctica recomendada:

No dejes de fluir en el Espíritu Santo por la incredulidad de algunos. Hay un tiempo y un lugar donde tu unción será recibida y hará la obra para la que fue enviada. Confía en que Dios abrirá puertas donde tu ministerio será efectivo.

Guardar el corazón de la amargura y el desánimo.

Proverbios 4:23 nos exhorta: *"Sobre toda cosa guardada, guarda tu corazón; porque de él mana la vida."* Este versículo destaca la importancia de proteger nuestro corazón de la amargura y el desánimo.

Práctica recomendada:

No permitas que la falta de honra te amargue o te haga perder el enfoque. Mantén un corazón puro y sigue amando, sirviendo, aunque otros no te valoren. La pureza de corazón es esencial para mantenernos en el camino correcto.

Permanecer fiel en la misión, no en la aceptación.

Pablo nos recuerda en 2 Timoteo 4:5: *"Pero tú sé sobrio en todo, soporta las aflicciones, haz obra de evangelista, cumple tu ministerio."* La fidelidad a la misión es más importante que la aceptación de los hombres.

Pablo enfrentó persecución y rechazo, pero nunca dejó de cumplir su ministerio.

Práctica recomendada:

No te desenfoques por la falta de reconocimiento. La recompensa viene de Dios, no de los hombres. Cumple con fidelidad tu ministerio, sin importar quién te valore o no. La verdadera recompensa es eterna y proviene de Dios. Mantente enfocado en la visión de Dios, no en la reacción de la gente.

Rodéate de personas que edifiquen tu fe.

Base bíblica: Hebreos 10:25 – *"No dejando de congregarnos, como algunos tienen por costumbre, sino exhortándonos; y tanto más, cuanto veis que aquel día se acerca."*

Jesús tenía discípulos que sí creían en Él y lo acompañaban en la misión.

Práctica recomendada:

Conéctate con personas que reconozcan el llamado de Dios en tu vida y te impulsen espiritualmente. Hebreos 10:25 nos anima a edificarnos mutuamente: Rodéate de personas que alimenten tu fe. Un círculo correcto puede hacer la diferencia en tiempos de rechazo. La comunidad de fe es vital para nuestro crecimiento y perseverancia.

CAPÍTULO 6

LA RESISTENCIA CULTURAL AL UNGIDO: FAMILIARIDAD, INCREDULIDAD Y JUICIO EN EL MUNDO CONTEMPORÁNEO

A lo largo de la historia, los profetas y mensajeros de Dios han enfrentado rechazo, no solo por parte de enemigos declarados, sino también de aquellos más cercanos a ellos. Jesús mismo experimentó esta realidad cuando dijo: *"Ningún profeta es bien recibido en su propia tierra."* (Lucas 4:24)

Hoy, esta dinámica persiste en diversas culturas y contextos, donde la familiaridad, la incredulidad y el juicio impiden reconocer y honrar a los ungidos de Dios.

La familiaridad que desvaloriza.

Cuando las personas conocen al mensajero de Dios en su humanidad cotidiana, pueden tener dificultades para aceptar su llamado divino. Este fenómeno se observa cuando líderes espirituales son vistos solo como "uno más" en la comunidad, lo que limita la receptividad a su mensaje.

La incredulidad como barrera espiritual.

Es una actitud que cierra el corazón a lo sobrenatural. En muchas culturas, el escepticismo hacia lo espiritual ha llevado a rechazar movimientos genuinos de Dios, etiquetándolos como fanatismo o superstición. Este rechazo impide que las comunidades experimenten la plenitud de lo que Dios desea hacer entre ellas.

La mentalidad de juez: juzgar sin discernir.

La tendencia a juzgar a los líderes espirituales sin un discernimiento adecuado ha causado divisiones y ha obstaculizado el avance del Evangelio.

En lugar de buscar la guía del Espíritu Santo para evaluar los frutos y la doctrina, algunas comunidades se apresuran a condenar basándose en apariencias o rumores.

Casos contemporáneos de rechazo a los ungidos.

a. África: persecución y acusaciones de brujería.

En países como Nigeria y Malawi, líderes cristianos han sido acusados de brujería y enfrentan persecución. Según un informe de Open Doors International, en 2024, miles de cristianos fueron asesinados en Nigeria por su fe. Además, en Malawi, las acusaciones de brujería han llevado a la violencia contra personas inocentes, reflejando cómo la ignorancia y el miedo pueden ser armas contra los ungidos de Dios. New York Post.

b. América Latina: sincretismo y rechazo.

En regiones de América Latina, el sincretismo religioso ha generado confusión espiritual. Prácticas como la santería y el candomblé mezclan elementos cristianos con rituales paganos, lo que ha llevado a algunos a rechazar el Evangelio puro y a los mensajeros que lo predican. Este rechazo se basa en una percepción distorsionada de la fe cristiana.

c. Europa y América del Norte: secularismo y escepticismo.

En sociedades altamente secularizadas, como las de Europa occidental y América del Norte, el escepticismo hacia lo espiritual ha crecido. Líderes cristianos enfrentan desafíos para comunicar el Evangelio en contextos donde la fe es vista como irrelevante o anticuada. Este ambiente dificulta la aceptación de los ungidos de Dios y su mensaje.

Reflexión y llamado a la acción.

Es esencial que las comunidades cristianas reconozcan y enfrenten estas barreras culturales. Debemos cultivar una actitud de humildad y discernimiento, evitando la familiaridad que desvaloriza, la incredulidad que cierra el corazón y el juicio apresurado que divide. Al hacerlo, abrimos espacio para que los ungidos de Dios sean recibidos y su mensaje transforme nuestras vidas y sociedades.

CAPÍTULO 7

CUANDO EL CIELO HABLA Y LA TIERRA NO OYE: EL CONFLICTO GLOBAL DEL IRRECONOCIMIENTO

Este capítulo es Revelador, muestra la desconexión espiritual entre el cielo y el hombre. Aquí se encapsula una de las batallas más sutiles pero poderosas que enfrenta el Reino de Dios hoy: la resistencia invisible que opera cuando una generación no logra reconocer a quienes Dios ha escogido y enviado. El no reconocimiento no es solo una falta de percepción, sino una oposición espiritual activa que intenta neutralizar la manifestación del propósito divino a través de hombres y mujeres ungidos.

En todas las épocas — desde los profetas del Antiguo Testamento hasta Jesús y los apóstoles —

este tipo de oposición ha operado bajo la máscara de religiosidad, costumbre, prejuicio cultural o legalismo. Hoy, esa misma atmósfera se repite con otras vestiduras, pero con el mismo objetivo: desacreditar a los instrumentos del cielo.

El No reconocer al escogido de Dios no es un simple fallo humano ni una percepción equivocada del alma; es una táctica espiritual cuidadosamente diseñada para resistir la manifestación de la gloria. Detrás del aparente desinterés o escepticismo, se esconde una operación del reino de las tinieblas: un espíritu de irreverencia, juicio prematuro y duda sistemática que, al igual que en Nazaret, bloquea el fluir del poder de Dios en territorios donde debería estarse desatando el avivamiento. Esta ceguera colectiva no es natural, es orquestada. Porque si el enemigo logra desacreditar al mensajero, logra también detener el mensaje y abortar el propósito eterno en esa región.

"No hay profeta sin honra, sino en su propia tierra." (Marcos 6:4)

Cuando el espíritu del ambiente se acomoda al pasado del ungido y no a su asignación presente, se produce una atmósfera de bloqueo espiritual que impide los milagros, la expansión del mensaje y el impacto del Reino.

El impacto invisible de esta oposición.

El no reconocer al escogido de Dios, genera:

- Pueblos estériles espiritualmente.
- Iglesias divididas por rebelión o manipulación.
- Siervos de Dios exiliados de su propio territorio ministerial.
- Avivamientos detenidos por murmuración, celos o juicio.

Lo que no se honra, no se activa. Lo que no se reconoce, no se recibe. Lo que no se celebra, se pierde.

Jesús: el caso más evidente del rechazo local con propósito eterno.

Nadie encarnó más este conflicto que Jesús. En su tierra no pudo hacer milagros. Fue desacreditado, cuestionado y limitado por quienes conocían su infancia, no su eternidad. Este patrón se replica hoy en profetas, pastores, evangelistas y líderes ungidos que son minimizados por quienes crecieron con ellos, trabajaron con ellos o se familiarizaron con su humanidad.

Y, sin embargo, así como Jesús trascendió de ambiente, tú también puedes hacerlo.

Estos fenómenos de oposición y del no reconocimiento del instrumento divino, no son exclusivos de una época o región; son actitudes humanas que han trascendido culturas y generaciones. En la actualidad, estas actitudes continúan manifestándose en diversas formas, afectando la percepción y recepción de los líderes espirituales en distintas partes del mundo.

Una problemática global con raíces espirituales.

Este conflicto no está limitado a una cultura ni a una región, sino que se manifiesta con características particulares en cada continente:

América Latina: entre la devoción y el juicio.

América Latina ha sido históricamente una región con una profunda tradición religiosa. Sin embargo, en las últimas décadas, se ha observado un cambio significativo en las afiliaciones religiosas. Según datos de Latinobarómetro, una de las corrientes cristiana principal por su antigüedad ha experimentado una disminución, ramificándose en otras vertientes cristianas, sustentadas en la religiosidad, idolatría cultural, juicio popular y sistemas eclesiásticos jerárquicos que resisten lo profético.

Europa: secularización y desconfianza.

Europa ha experimentado una creciente secularización, con una disminución en la asistencia a servicios religiosos y una creciente desconfianza hacia las instituciones religiosas. Este contexto ha generado un ambiente donde la familiaridad con las tradiciones religiosas no necesariamente se traduce en fe activa, y donde los líderes espirituales enfrentan escepticismo y cuestionamientos constantes. Es debido al racionalismo extremo, post-cristianismo, humanismo que desacredita toda autoridad espiritual genuina.

África: tradiciones y retos contemporáneos.

En África, la coexistencia de tradiciones ancestrales con el cristianismo ha generado dinámicas complejas. En algunas comunidades, la familiaridad con prácticas tradicionales puede entrar en conflicto con las enseñanzas cristianas, llevando a una incredulidad hacia líderes que desafían dichas prácticas. Además, la influencia de la brujería y otras creencias puede socavar la autoridad de los líderes espirituales. Esto es debido al sincretismo entre lo espiritual y lo ancestral, resistencias tribales, manipulación espiritual.

Asia: minorías cristianas y persecución.

En varios países asiáticos, los cristianos constituyen una minoría y, en algunos casos, enfrentan persecución. La familiaridad cultural con otras religiones mayoritarias puede generar incredulidad y rechazo hacia los líderes cristianos, quienes a menudo deben ejercer su ministerio en contextos adversos y con recursos limitados. Esto es debido a la persecución institucional, reverencia a sistemas tradicionales y rechazo al mover espontáneo del Espíritu.

Oceanía y América del Norte: diversidad y desafíos modernos.

En regiones como Oceanía y América del Norte, la diversidad religiosa y cultural presenta tanto oportunidades como desafíos. La familiaridad con múltiples corrientes espirituales puede llevar a una relativización de la fe cristiana, y los líderes espirituales deben navegar en contextos donde la incredulidad puede manifestarse en forma de indiferencia o sincretismo. Esto es debido al individualismo, a la sobrevaloración económica, sobreexposición mediática, cultura de cancelación y orgullo doctrinal.

En todas estas geografías, el enemigo levanta barreras espirituales para que el pueblo no escuche ni reciba a los verdaderos enviados de Dios.

Este cambio ha traído consigo desafíos internos, como divisiones dentro de las iglesias debido a desacuerdos sobre liderazgo y autoridad espiritual. En algunos casos, la falta de reconocimiento hacia líderes ungidos ha llevado a la formación de nuevas congregaciones, fragmentando la unidad del cuerpo de Cristo.

La familiaridad y la incredulidad son desafíos universales que requieren una respuesta basada en la comprensión, la empatía y la firmeza en la verdad. Los líderes espirituales, al igual que las comunidades de fe, están llamados a cultivar una visión espiritual que trascienda las apariencias y se enfoque en el corazón y la voluntad de Dios.

Reconocer y honrar a los ungidos de Dios, incluso en medio de sus debilidades, es esencial para mantener la unidad y la eficacia del cuerpo de Cristo en todo el mundo.

CAPÍTULO 8

CUANDO EL ALMA DECIDE NO VER

A lo largo de la historia espiritual de la humanidad, el mayor conflicto no ha sido la ausencia de Dios, sino la resistencia del corazón humano para ver con los ojos del Espíritu a aquellos que Él ha escogido. No se trata de falta de evidencia divina, sino de una ceguera voluntaria que impide reconocer el mover de Dios a través de vasos inesperados. Desde los días de Jesús hasta los escenarios contemporáneos del ministerio, hay una ceguera que no se produce por ignorancia, sino por resistencia interior. Es la ceguera de los que deberían ver: líderes, hermanos, creyentes, discípulos... aquellos que, por cercanía, formación o llamado, deberían tener los ojos más abiertos al mover de Dios, y, sin embargo, lo ignoran, lo invalidan o lo detienen.

El Rechazo y el Juicio desmedido de la religión.

No se trata de una oposición natural, sino de una atmósfera espiritual contaminada. El espíritu del sistema religioso ha cruzado generaciones y geografías. Lo que pasó en Nazaret — donde Jesús fue reducido a *"el hijo del carpintero"* — no fue un simple malentendido cultural, sino un reflejo profundo del rechazo colectivo hacia lo no esperado, hacia lo que rompe estructuras.

Este rechazo viene por una ceguera que lo entenebrece haciéndolo sentir como los más santos e íntegros llamados para ser Jueces, no solo bloquea la bendición sobre el escogido; estorba el avance de comunidades enteras, retrasa movimientos de avivamiento, y convierte congregaciones vibrantes en terrenos estériles.

"No hizo allí muchos milagros, a causa de la incredulidad de ellos." (Mateo 13:58)

Más allá de la familiaridad: las nuevas formas del rechazo.

Hoy, esa resistencia no siempre se disfraza de burla o negación frontal. A veces toma la forma del silencio, del distanciamiento, de la crítica sutil, de la comparación injusta. A menudo se esconde detrás de estructuras religiosas que, al sentirse amenazadas por la frescura del Espíritu, levantan barreras para frenar lo que no pueden controlar.

Pero lo más peligroso no es la persecución externa, sino el desinterés interno, la apatía espiritual, el conformismo con una fe sin visión.

"¡Jerusalén, Jerusalén... cuántas veces quise juntar a tus hijos... y no quisiste!" (Mateo 23:37)

¿Cómo se manifiesta este rechazo?

- Cuando la costumbre reemplaza la revelación.
- Cuando se respeta más el título que la unción.

- Cuando se exige perfección, pero no se extiende misericordia.

- Cuando la debilidad de un líder se convierte en excusa para desacreditar su destino.

- Cuando lo que Dios ya perdonó, la Iglesia sigue recordando.

"Si alguno fuere sorprendido en alguna falta... restauradle con espíritu de mansedumbre." (Gálatas 6:1)

Donde hay una cultura de juicio, chisme y cancelación — aun dentro del cuerpo de Cristo — se infringe la ley de Cristo: la del amor y restauración. Muchos líderes ungidos que caen son destruidos, no por Dios, sino por la inmisericordia de la iglesia, especialmente en Latinoamérica.

Un conflicto global y espiritual.

En África, la mezcla sin discernimiento entre lo ancestral y lo evangélico genera confusión. Aquí Muchas iglesias luchan contra la mezcla de evangelio con brujería y ancestralismo.

En América Latina, la idolatría popular y religiosa genera una cultura de incredulidad hacia el mover profético. El liderazgo muchas veces es derribado por celos disfrazados de celo de Dios.

En Asia, la reverencia ciega a otras religiones impidiendo honrar a los verdaderos enviados de Dios. El peso de religiones milenarias impide abrir el corazón a nuevos mensajeros.

En Europa, la lógica y la razón apagan el fuego del Espíritu.

En Norteamérica, la cultura del entretenimiento reemplaza el peso de la palabra ungida. En Europa y Norteamérica, el racionalismo y el humanismo han generado idolatría de la mente y la ciencia, despreciando la fe.

No es solo un conflicto doctrinal o cultural: es una batalla espiritual por la honra, por la visión, por el reconocimiento del Cielo en la Tierra.

Dios no ha cambiado de opinión.

Hay líderes que cayeron, y fueron descartados por su entorno. Pero si Dios los levantó, el Cielo sigue contando con ellos. Rechazarlos es cuestionar la soberanía divina. Deshonrarlos es cerrar las puertas del mismo favor que un día los levantó.

"Porque irrevocables son los dones y el llamamiento de Dios." (Romanos 11:29)

Vuelve a Ver es un Llamado de Urgencia.

Esto no es una crítica. Es un despertar. Dios está buscando hombres y mujeres capaces de ver más allá del pasado, del error, del molde humano. Una generación que discierna con los ojos del Espíritu. Que vea la gloria de Dios en vasos frágiles. Que se atreva a caminar al lado de aquellos que el cielo ha restaurado. Porque ver con honra es activar el poder del Reino. Y rechazar a un enviado es cerrar la puerta al que lo envió.

"El que a vosotros oye, a mí me oye..." (Lucas 10:16)

Jesús denuncia una actitud histórica y espiritual: el sistema religioso tiende a rechazar lo nuevo que Dios está haciendo.

Hoy, en muchos países, aún se mata (físicamente o espiritualmente) a los profetas por no encajar en los moldes religiosos o culturales establecidos.

Espíritu de división y rebelión disfrazado de libertad.

Judas 1:18-19 (RVR1960):

"...que en el postrer tiempo habrá burladores, que andarán según sus malvados deseos. Estos son los que causan divisiones; los sensuales, que no tienen al Espíritu."

Esto se manifiesta hoy cuando surgen movimientos dentro de iglesias locales que cuestionan la autoridad del liderazgo ungido, dividiendo a las congregaciones con aparente "nueva revelación", cuando en realidad son deseos personales disfrazados de *"libertad espiritual."*

La idolatría, hechicería y rebelión como estorbos espirituales.

1 Samuel 15:23 (RVR1960):

"Porque como pecado de adivinación es la rebelión, y como ídolos e idolatría la obstinación."

La indiferencia de los últimos tiempos.

2 Timoteo 4:3-4 (RVR1960):

"Porque vendrá tiempo cuando no sufrirán la sana doctrina, sino que, teniendo comezón de oír, se amontonarán maestros conforme a sus propias concupiscencias, y apartarán de la verdad el oído y se volverán a las fábulas."

Esto ocurre cuando las personas eligen seguir predicadores que dicen lo que quieren oír, mientras rechazan a los verdaderos ungidos que traen palabra confrontativa, correctiva y santa.

El peligro de cerrar las puertas al que Dios envía.

Lucas 10:16 (RVR1960):

"El que a vosotros oye, a mí me oye; y el que a vosotros desecha, a mí me desecha; y el que me desecha a mí, desecha al que me envió."

Cuando una región o una generación rechazan a los que Dios ha enviado, no solo están rechazando al mensajero, sino a Cristo mismo. Esto genera esterilidad espiritual y juicio colectivo.

Restauración y nueva honra a los que cayeron.

Romanos 11:29 (RVR1960):

"Porque irrevocables son los dones y el llamamiento de Dios."

Aunque un siervo haya caído, si Dios lo restaura, su llamado sigue vigente. Rechazarlo luego de que Dios lo ha limpiado y reafirmado, es rebelarse contra la gracia divina.

Hoy el Espíritu Santo está llamando a las naciones a arrepentirse de sus actitudes de juicio hacia los escogidos de Dios. Pero el Señor está despertando una nueva generación que no juzga por la vista ni por el oído, sino por el Espíritu (Isaías 11:3).

CAPÍTULO 9

LA IMPORTANCIA DE LA HONRA EN EL MINISTERIO

La honra es un principio fundamental en el Reino de Dios, y su práctica es crucial para recibir la bendición divina. La Escritura nos enseña que honrar a aquellos que Dios ha enviado es una forma de honrar a Dios mismo. Este principio se refleja claramente en las palabras de Jesús.

Aquí tienes los pasos o recomendaciones basadas en el contexto bíblico para trascender cuando la atmósfera se manifiesta en oposición, intentando limitar el llamado de Dios en tu vida:

1. Entiende que la deshonra trae consecuencias espirituales.

Base bíblica: Mateo 10:40-41 (RVR1960): *"El que a vosotros recibe, a mí me recibe; y el que me recibe a mí, recibe al que me envió. El que recibe a un profeta en calidad de profeta, recompensa de profeta recibirá; y el que recibe a un justo en calidad de justo, recompensa de justo recibirá."*

Verso bíblico principal: Este pasaje subraya que recibir y honrar a un profeta o a un justo trae consigo una recompensa. La honra no solo beneficia al que es honrado, sino que también abre la puerta a bendiciones para el que honra.

Cuando alguien desestima a un siervo de Dios, está cerrando la puerta a la bendición que Dios quería enviar a través de él.

La deshonra es un obstáculo espiritual.

La deshonra cierra la puerta a la bendición y puede convertirse en un obstáculo espiritual. Cuando las personas no reconocen a un ministro verdaderamente enviado por Dios, no solo lo deshonran a él, sino que también rechazan la oportunidad de recibir lo que Dios quería entregarles a través de ese siervo. Este rechazo puede tener consecuencias significativas, tanto en el ámbito personal como comunitario.

- Recomendación: No tomes personal el rechazo; deja que Dios se encargue de la honra y recompensa.

2. Mantente en constante comunión con Dios.

Verso bíblico complementario:

Lucas 10:16 (RVR1960) *"El que a vosotros oye, a mí me oye; y el que a vosotros desecha, a mí me desecha; y el que me desecha a mí, desecha al que me envió."*

Este versículo enfatiza que la deshonra a un mensajero de Dios es equivalente a rechazar a Dios mismo. La deshonra, por lo tanto, no es solo un problema personal, sino espiritual, ya que implica una falta de reconocimiento de la autoridad divina.

Jesús se fortalecía en la intimidad con el Padre para seguir su misión con poder.

- Recomendación: La clave para superar el rechazo y la incredulidad es permanecer en la presencia de Dios y renovar tus fuerzas en Él.

3. Recuerda que la honra viene de Dios y no de los hombres.

Base bíblica: 1 Samuel 2:30 – *"Porque yo honraré a los que me honran, y los que me desprecian serán tenidos en poco."* Dios es quien exalta y honra a Sus siervos en el momento oportuno.

La honra como puerta a la bendición.

La honra es una llave que abre la puerta a la bendición de Dios. Cuando honramos a aquellos que Dios ha enviado, estamos posicionándonos para recibir lo que Dios quiere impartir a través de ellos.

La honra es un principio que trasciende las relaciones humanas y se conecta directamente con nuestra relación con Dios. Al honrar a aquellos que Él ha enviado, estamos demostrando nuestra reverencia y obediencia a Dios mismo. Este acto de honra no solo beneficia a los ministros, sino que también enriquece a quienes los reciben, abriendo el camino para que la obra de Dios se manifieste plenamente.

La importancia de la honra en el ministerio no puede subestimarse. Es un principio que, cuando se practica, trae consigo la bendición y el favor de Dios. Al cultivar una cultura de honra, tanto en nuestras vidas personales como en nuestras comunidades, podemos experimentar una mayor manifestación de la presencia y el poder de Dios.

- Recomendación: Enfócate en honrar a Dios con tu vida y ministerio, y Él se encargará de honrarte en su tiempo.

Enfocarse en la misión:

Los ministros deben enfocarse en su misión, sabiendo que habrá lugares donde serán recibidos y donde la gloria de Dios se manifestará. No todos reconocerán o valorarán su llamado, pero eso no debe desanimarlos. La fidelidad a la misión es más importante que la aceptación de los hombres.

En Nazaret, la falta de honra hacia Jesús limitó los milagros y bendiciones que podían haber recibido. La incredulidad y la familiaridad impidieron que reconocieran su verdadera identidad y misión.

La familiaridad y la incredulidad pueden convertirse en obstáculos para el ministerio de un escogido de Dios. Sin embargo, la clave para trascender es depender totalmente del respaldo de Dios, mantenerse firme en la identidad y llamado divino, y rodearse de una atmósfera de fe.

CAPÍTULO 10

NO MUERO AQUÍ, TRANSCIENDO EL LUGAR QUE ME QUISO ENTERRAR

Hay lugares que no solo te vieron nacer, sino que también intentaron sepultar tu llamado. Existen ambientes que, en lugar de ser plataformas para tu crecimiento, se convierten en trampas de incredulidad, juicio y olvido.

Esta es la realidad de muchos escogidos de Dios, hombres y mujeres marcados desde el vientre con un propósito divino, pero que han sido ignorados, heridos, deshonrados y hasta desechados por quienes estaban llamados a protegerlos.

Un camino marcado por el dolor y la gloria.

Este capítulo no es solo el cierre de un libro; es el desahogo de un corazón marcado por cicatrices reales. Cada página anterior fue escrita desde mi experiencia y la de muchos que ya no están, pero esta nace desde lo más profundo de mis lágrimas. Conozco el dolor de ser rechazado por aquellos que me vieron crecer. Me refiero a los que escucharon mis primeros mensajes, los que vieron mis torpes inicios ministeriales cuando aún no entendía cómo operaban ciertas atmósferas religiosas cargadas de estructuras que asfixiaban lo genuinamente espiritual. Muchos de ellos, que un día recibieron de mi ministración con gratitud, fueron los primeros en cuestionar mi asignación cuando el aceite de Dios comenzó a fluir con mayor fuerza sobre mi vida.

No soportaron ver cómo el respaldo de Dios comenzaba a manifestarse en dimensiones mayores, y en vez de celebrarlo, lo resistieron. Y cuando llegó el tiempo del quebranto, no oraron... levantaron piedras. No me vieron con los ojos del Padre, sino con la mirada del pasado. Fueron rápidos en sellar mi tumba, sin discernir que no era un entierro, sino una siembra.

No es fácil regresar cuando has sido herido en público y condenado en secreto. No es sencillo levantarse cuando las miradas están cargadas de juicio, cuando los murmullos repiten tu pasado con saña, y las palabras no buscan restaurarte, sino aniquilar lo que queda de ti. Duele más cuando ni siquiera te dan la oportunidad de explicar lo que ocurrió; cuando los hechos son distorsionados, multiplicados y manipulados para alimentar el relato que todos desean creer.

Y lo más cruel ocurre cuando una estructura religiosa — dura de corazón y ligera para juzgar — exige que te calles, que aceptes lo que todos quieren escuchar solo para calmar la sed colectiva de *"ver muerto al culpable"*, aunque Dios ya haya perdonado y decidido restaurar. Es allí donde muere tu humanidad, pero comienza a vivir el propósito eterno. Es en ese abismo donde entiendes que no puedes defenderte más... porque es Dios quien tiene que resucitarte y pelear por ti.

Cuando tu corazón se centra en Jesús, su Espíritu te levanta con poder. Te recuerda que no eres lo que otros dijeron de ti, sino lo que el Padre decretó desde la eternidad. Te afirma que el depósito que Él colocó en ti no fue cancelado por tus errores ni anulado por el juicio humano. Porque lo que Dios entrega es irrevocable. Su llamado no se negocia, su gracia no se revoca, y su propósito no se entierra cuando el cielo ya escribió tu nombre en su historia.

"¿No es este el mismo de antes?" fue la frase no pronunciada pero gritada en sus corazones. Y como le pasó a Jesús, no pudieron ver más allá de lo natural. Se escandalizaron de mi crecimiento. Se cerraron a mi voz. Y por momentos, confieso, también yo quise rendirme.

Pero entendí que *no podía morir en un ambiente que Dios me había llamado a transformar*. Que el propósito no se entierra por la opinión de los hombres, o por errores que ya fueron perdonados por el que pago en la cruz, cuando el ya vio tu verdadero arrepentimiento. Que el llamado no se apaga por la incredulidad de los cercanos. Como José en la cisterna, como David en la cueva, como Pablo en el rechazo, *yo también tuve que decidir: no muero aquí. Transciendo.*

A los heridos por el rechazo.

A ti, que fuiste herido por tus propios hermanos espirituales. A ti, que serviste con amor y fuiste pagado con silencio. A ti, que diste palabra, pero fuiste ignorado cuando necesitabas una. A ti, escogido de Dios, que has llorado por no ser reconocido.

Hoy el cielo te dice: *"Yo te vi, Yo te escogí, Yo te levantaré."*

"Aunque mi padre y mi madre me dejaran, con todo, Jehová me recogerá." (Salmo 27:10)

Tu historia no termina en la negación de otros. Tu historia no finaliza en la indiferencia de quienes no te comprendieron. Tu historia está escrita por la pluma de Aquel que te llamó antes de formarte.

A los que han deshonrado al ungido.

Este capítulo también es para ti que, por celos, inmadurez, religiosidad o simplemente por no discernir en el Espíritu, te volviste piedra de tropiezo para un siervo de Dios. Quizá hablaste cuando debiste callar. Te burlaste cuando debiste orar. Criticaste cuando debiste interceder. Pero hoy hay una oportunidad de redención.

"No toquéis, dijo, a mis ungidos, Ni hagáis mal a mis profetas." (1 Crónicas 16:22)

No hay honra sin discernimiento. No hay bendición donde se siembra juicio. Muchos han vivido bajo cielos cerrados, no por pecado personal, sino por haber rechazado al que Dios envió. Pero, así como Pedro lloró amargamente y fue restaurado, así también tú puedes ser perdonado si hoy decides humillarte y reconocer tu error.

El llamado a levantar a los caídos.

No basta con no herir. Hay que sanar. La iglesia no solo está llamada a evitar la deshonra, sino a restaurar a quienes han sido descartados injustamente. Gálatas 6:1 lo dice con claridad:

"Hermanos, si alguno fuere sorprendido en alguna falta, vosotros que sois espirituales, restauradle con espíritu de mansedumbre."

El Reino se construye con corazones restaurados. Dios quiere usarte para levantar a los profetas que otros callaron. Para sanar a los pastores que otros aislaron. Para abrir puertas donde otros pusieron candados.

Trascender: El legado de los escogidos.

Moisés fue rechazado por su pueblo antes de ser su libertador. David fue perseguido por su rey antes de ser coronado. Jesús fue crucificado por los suyos antes de resucitar con gloria.

La gloria siempre es precedida por la cruz del rechazo. Pero los que se niegan a morir en ambientes hostiles, serán los que vivan para ver la manifestación completa de su llamado.

No mueras donde Dios te llamó a vencer. No te apagues donde fuiste enviado a encender. No renuncies donde fuiste profetizado para reinar.

Tú también puedes decir: *"Aunque me rechazaron, no morí. Trascendí."*

CAPÍTULO 11

SECCIONES PRÁCTICAS DE APLICACIÓN: CÓMO CULTIVAR UN AMBIENTE QUE AFIRMÉ TU LLAMADO DIVINO

1. **Evalúa tu entorno actual.**

Haz un análisis honesto de las personas, lugares y situaciones que te rodean. Pregúntate:

¿Este ambiente fortalece mi fe y mi llamado?

¿Las personas cercanas me animan y apoyan en mi propósito?

¿Siento paz o resistencia cuando busco crecer espiritualmente aquí?

Actividad práctica:

Haz una lista de las cinco personas con las que más tiempo pasas y describe brevemente cómo influyen en tu fe. ¿Son edificantes o limitantes? ¿Qué patrones de conducta o palabras negativas necesitas evitar o confrontar?

2. Busca un ambiente que te nutra espiritualmente.

Elige conscientemente participar en comunidades, grupos o ministerios donde tu llamado sea valorado y promovido. No te conformes con la indiferencia o la crítica constante.

Consejo:
Si no encuentras un lugar así, considera iniciar un pequeño grupo de oración, estudio bíblico o ministerio donde puedas invitar a personas con visión similar. Sé tú quien genere un ambiente positivo y de fe.

3. Protege tu mente y espíritu de la familiaridad negativa.

Aprende a poner límites saludables con personas o situaciones que, aunque cercanas, minan tu fe o te hacen dudar de tu llamado.

Ejercicio:

Escribe una oración pidiendo sabiduría para discernir qué voces escuchar y cuáles dejar de lado. Recuerda que no estás solo; Dios es tu fuerza y tu escudo.

4. Rodéate de modelos y mentores espirituales.

Busca el consejo y la guía de líderes, pastores o hermanos maduros en la fe que puedan edificarte, aconsejarte y animarte en tu camino.

Práctica:

Agenda reuniones regulares con algún mentor espiritual y comparte tus luchas y avances. Aprende de su experiencia para no tropezar en los mismos errores.

5. Fortalece tu relación personal con Dios.

No permitas que las circunstancias externas determinen tu identidad. Más allá de lo que otros digan o piensen, tu llamado está en la mirada y el respaldo de Dios.

Herramienta espiritual:

Dedica tiempo diario para la lectura bíblica, la oración y la meditación. Usa versículos como Mateo 13:57-58 para recordar que el valor de tu llamado no depende de la aceptación humana, sino de la autoridad divina.

6. Aprende a discernir cuándo es tiempo de avanzar a otro terreno.

Como Jesús dejó Nazaret para cumplir su misión, tú también puedes sentir el llamado a cambiar de ambiente para crecer.

Ejercicio de reflexión:

Haz una lista de señales que indiquen que es momento de salir de un ambiente limitante: falta de paz, ausencia de crecimiento, rechazo constante, entre otras. Ora para que Dios te dé claridad y valentía.

7. Sé un agente de cambio en tu ambiente actual.

No esperes que todo cambie para moverte. A veces, Dios nos usa para transformar el lugar donde estamos.

Desafío:
Identifica una necesidad espiritual en tu comunidad o iglesia y toma la iniciativa para atenderla con oración, servicio o un proyecto ministerial. Deja que tu luz brille en medio de la oscuridad.

Oración de Cierre.

"Señor, gracias porque me has llamado y equipado para cumplir un propósito divino. Ayúdame a discernir mi entorno y a buscar aquellos lugares y personas que alimenten mi fe. Dame sabiduría para proteger mi lla-mado y valentía para avanzar cuando sea necesario. Que tu Espíritu Santo sea mi guía y fortaleza en todo momento. En el nombre de Jesús, amén."

CAPÍTULO 12

FINAL: ORACIÓN PROFÉTICA, RESTAURANDO LA HONRA, ROMPIENDO LA CEGUERA

Padre Celestial, Dios eterno y todopoderoso, en el nombre de Jesús me presento delante de Ti como hijo, como siervo y como voz que clama en medio de una generación que ha perdido la sensibilidad espiritual.

Hoy elevo esta oración no solo como palabras escritas, sino como un decreto profético, como una intercesión que traspasa las letras y toca el espíritu de quien lo lee.

Señor, rompe ahora mismo todo velo de familiaridad que impide ver la gloria que tú has depositado en tus hijos. Rompe toda ceguera que nubla el discernimiento. Corta desde la raíz toda incredulidad generacional, todo argumento humano, toda estructura carnal que se levanta contra el conocimiento del propósito eterno.

Yo declaro, en el nombre de Jesús, que el lector de este libro será sanado de todo juicio que lo hirió, restaurado de toda palabra que lo limitó, y vindicado por el Espíritu Santo ante todo aquel que lo menospreció.

Padre, ministra al corazón de cada persona que fue rechazada por los suyos, de cada ungido que lloró en secreto porque no fue comprendido ni honrado. Sana sus emociones. Restaura su identidad. Y activa en ellos una nueva dimensión de autoridad espiritual.

Espíritu Santo, enciende el fuego del cielo en cada lector, y provoca una transformación interior que les haga ver con tus ojos, sentir con tu corazón y hablar con tu boca. Que no sean instrumentos de juicio, sino canales de honra. Que no sean repetidores de críticas, sino defensores del propósito eterno en los tuyos.

Yo profetizo que de esta generación se levantan hombres y mujeres con una visión limpia, con discernimiento profético, con corazones sanos y con una asignación clara: honrar a quienes tú has enviado, proteger a quienes tú has levantado, y afirmar a quienes tú estás restaurando.

Declaro cielos abiertos sobre sus hogares, sus ministerios, sus relaciones y sus generaciones. Que esta palabra no solo sane, sino que despierte una reforma de honra, verdad, y visión espiritual en la Iglesia.

Y como lo hiciste con Jesús, que, aunque fue rechazado, fue exaltado por Ti... también lo harás con cada uno de tus hijos: quien fue ignorado, será reconocido; quien fue desechado, será restaurado; quien fue silenciado, será activado.

En el nombre que es sobre todo nombre, Jesucristo, el Hijo del Dios vivo, lo declaro hecho.

Amén, amén y amén.

CONCLUSIÓN

El ministerio es un camino lleno de desafíos y oportunidades, donde la dependencia del respaldo divino es esencial para cumplir con el propósito que Dios ha puesto en nuestras vidas. A lo largo de este libro, hemos reflexionado sobre la importancia de mantener nuestra identidad en Cristo, incluso cuando enfrentamos incredulidad y familiaridad en nuestro entorno.

La verdadera fortaleza de un ministro no reside en el reconocimiento humano, sino en la certeza de que Dios es quien nos respalda. En un mundo donde la validación externa puede ser efímera, es crucial recordar que nuestra misión y valor están definidos por nuestra relación con Dios.

La familiaridad y la incredulidad pueden ser desafíos significativos para aquellos con un llamado divino. Sin embargo, con la guía del Espíritu Santo, es posible transformar la atmósfera y manifestar el poder de Dios. Al exaltar a Jesús, confrontar la incredulidad con amor y verdad, y fomentar la unidad, podemos ayudar a otros a trascender y caminar en la plenitud de su unción. Recuerda que, como dijo Pablo:

"El justo por la fe vivirá." (Romanos 1:17)

La honra emerge como un principio espiritual fundamental, abriendo puertas a la bendición y al favor divino. Al honrar a aquellos que Dios ha enviado, no solo reconocemos su autoridad, sino que también nos posicionamos para recibir lo que Dios quiere impartir a través de ellos.

Enfrentar ambientes desafiantes requiere sabiduría, discernimiento y una comunidad de fe que nos apoye y afirme. Al rodearnos de personas que comparten nuestra visión y propósito, podemos perseverar en nuestra misión con integridad y pasión.

En última instancia, la recompensa de Dios es eterna y trasciende cualquier reconocimiento terrenal. Al mantenernos enfocados en nuestra misión y en la obediencia a Dios, contribuimos al avance de Su Reino y experimentamos Su presencia y poder en nuestras vidas.

Que este libro sea una fuente de inspiración y guía para todos los ministros que buscan servir a Dios con fidelidad, recordando siempre que la verdadera recompensa viene de Él.

APÉNDICE: HOJA DE AYUDA ESPIRITUAL PARA LA IGLESIA.

Sanando, liberando y trascendiendo el corazón hacia los escogidos por Dios.

"El que a vosotros recibe, a mí me recibe; y el que me recibe a mí, recibe al que me envió." (Mateo 10:40)

1. EXAMINA TU CORAZÓN.

Antes de juzgar, pregunta:

- ¿He sido parte de una atmósfera de crítica hacia un ungido de Dios?
- ¿He hablado mal o desacreditado a alguien a quien Dios ha levantado?
- ¿He permitido que la familiaridad opaque mi honra hacia líderes, ministros, o profetas?
- ¿Estoy reteniendo honra donde Dios ha demandado reconocimiento espiritual?

"Muchos no caen por el ataque del mundo, sino por la frialdad de los que estaban cerca."

Oración de diagnóstico:

"Espíritu Santo, muéstrame si he cerrado mi corazón a quienes Tú has levantado. Límpiame de juicio, incredulidad o resentimiento. Hoy renuncio a todo espíritu que me ciega ante Tu elección."

2. DECLARA SANIDAD Y LIBERACIÓN.

Declara con fe:

- Renuncio a toda crítica, juicio injusto y murmuración contra los ungidos de Dios.
- Rompo toda alianza con el espíritu de familiaridad, incredulidad y deshonra.
- Hoy elijo bendecir, cubrir y orar por los ministros que el cielo ha aprobado.

Oración de guerra espiritual:

"En el nombre de Jesús, renuncio a toda contaminación espiritual que me haya llevado a levantar mi voz contra tus escogidos. Cierro la puerta al acusador, y me uno al Espíritu de honra. Hoy declaro libertad sobre mi mente, mis palabras y mis relaciones ministeriales."

3. RESTAURA LO QUE EL ENEMIGO INTENTÓ ROMPER.

Haz un acto profético:

- Escribe los nombres de líderes o ministros que has criticado o juzgado.
- Ora por ellos, bendícelos, y si es posible, pídeles perdón o cúbrelos en oración.
- Escribe una carta de honra espiritual (aunque no la entregues), como símbolo de tu restauración interna.

"Honra a quien honra merece." (Romanos 13:7)

Oración de restauración:

"Señor, hoy elijo honrar a tus siervos, aun si no los entiendo completamente. Elijo verlos con los ojos del Espíritu, y no con juicio humano. Restaura mi capacidad de honrar. Sana mis heridas y cicatriza mi historia con Tu amor."

4. TRASCIENDE EL AMBIENTE.

Recuerda:

- Dios no te llamó a adaptarte al ambiente tóxico, sino a romperlo con el Espíritu.
- Tú puedes ser un agente de cambio en tu casa, iglesia, ciudad o nación.
- El cielo se abre cuando la honra es restaurada.

Declaración final:

"Yo no moriré en el ambiente donde fui herido. Yo no me conformaré con una atmósfera que no reconoce lo celestial. Yo soy parte de la generación que restaura la honra, camina en el Espíritu y activa el poder del cielo sobre los escogidos de Dios. ¡Declaro que la Iglesia será sanada, y el Reino avanzará con gloria!"

Versículos clave para ministrar esta verdad.

- **Mateo 13:57** – *"No hay profeta sin honra sino en su propia tierra."*
- **Hebreos 13:17** – *"Obedeced a vuestros pastores, y sujetaos a ellos..."*
- **1 Crónicas 16:22** – *"No toquéis a mis ungidos, ni hagáis mal a mis profetas."*
- **1 Tesalonicenses 5:12-13** – *"...que los tengáis en mucha estima y amor por causa de su obra."*

MINISTRA ESTA PALABRA EN TU IGLESIA.

Usa este apéndice como guía en:

- Jornadas de intercesión.
- Retiros de liderazgo.
- Cultos de honra y restauración.
- Estudios sobre autoridad espiritual.

EPÍLOGO

No Mueras... Trasciende el Ambiente.

Mantengan siempre presente la importancia de trascender el ambiente, porque allí donde la incredulidad se tolera, el poder de Dios se limita. Donde la honra se pierde, la unción se detiene. Y donde la crítica se celebra, la presencia se entristece.

A lo largo de estas páginas hemos desnudado una realidad espiritual urgente: muchos de los escogidos por Dios han sido heridos no por el mundo, sino por el ambiente familiar, espiritual y ministerial que los rodea. Se ha levantado un clima invisible que apaga profetas, paraliza ministerios y silencia voces que el cielo activó. Pero hoy tú eres parte de una generación que no se conformará a ese ambiente... tú fuiste llamado a trascenderlo.

Trascender no es huir, es elevarse. Es mirar con los ojos del Espíritu donde otros solo ven lo natural. Es reconocer a Cristo aunque venga envuelto en una vasija imperfecta. Es honrar la gloria, aunque esté escondida en una túnica manchada por el proceso.

Dios no busca espectadores del mover, sino guardianes de Su gloria. No busca opinadores digitales, sino intercesores leales. No necesita expertos religiosos, sino hombres y mujeres que sean puentes, no muros, que restauren y no apedreen, que eleven y no entorpezcan.

Y si alguna vez fuiste herido por ese ambiente... no mueras allí. No entregues tu propósito en el altar del dolor. Resiste, sana, levántate y trasciende. Porque al otro lado del rechazo hay honra. Después de la cruz, viene la resurrección. Y cuando trasciendes, Dios te hace señal para una nueva generación.

Este libro fue más que letras; fue una espada, un espejo y un bálsamo. Ahora te toca a ti ser la voz que restaura la honra, que cambia el ambiente y que activa la atmósfera del cielo en medio del pueblo de Dios.

No mueras en el lugar donde fuiste incomprendido. No te detengas por quien no vio tu esencia. Dios te escogió, y eso es suficiente. Trascender el ambiente... es decidir vivir por lo que Dios dijo, no por lo que el entorno te hizo.

Mantengan siempre presente la importancia de trascender de ambiente, para que la atmósfera de incredulidad no los apague.

Apóstol Octavio Jesús Castillo.

SOBRE EL AUTOR

 El Pastor Octavio Jesús Castillo es el fundador del Centro de Restauración Puerta del Cielo en Venezuela y del Centro de Restauración Mundial en Houston, Texas, Estados Unidos, extendiéndose a otros países. Su llamado ministerial fue confirmado el 29 de julio de 2012 a través de una visión clara y poderosa: restaurar al ser humano mediante el amor de Cristo y la fuerza redentora de Su pasión, comenzando por establecer casas de restauración en cada persona y en cada familia. Desde entonces, su vida ha sido consagrada a la edificación del Reino de Dios con un enfoque profundamente Cristo céntrico, guiado por una unción revelada como la Omnipotencia Restauradora de Dios.

Bajo esta revelación, ha levantado un movimiento que trasciende fronteras, alcanzando a hombres, mujeres y familias en diversas naciones con un mensaje de salvación, esperanza y transformación.

Su ministerio ha impactado espiritualmente a millones de personas no solo a través de sus plataformas digitales, sino también mediante encuentros, conferencias y conexión que abraza tanto al caído como al llamado.

El Pastor Octavio Jesús Castillo, ha dedicado su vida a la formación de líderes íntegros, a través de Escuelas de Lideres Restauradores, levantando vidas quebrantadas y activando el propósitos de Dios en aquellos que han sido rechazados por una condición pasada, llevándolos a integrarse al Reino de Cristo. Su compromiso no se basa en estructuras humanas, sino en la manifestación del amor que redime, la gracia que levanta, y el poder de Dios que restaura lo que muchos consideran irrecuperable.

Su legado continúa creciendo, no solo como un líder espiritual, sino como un mensajero de esperanza que proclama, con convicción y autoridad, que aún hay restauración para quienes el mundo ya no mira. A través de su ministerio y su incansable labor, se ha convertido en una voz profética para esta generación, donde manifiesta la única Verdad, Cristo Jesús.

NOTAS DEL LECTOR

NOTAS DEL LECTOR

NOTAS DEL LECTOR

NOTAS DEL LECTOR

_____

_____

_____

_____

_____

_____

_____

_____

_____

_____

_____

_____

_____

_____

_____

_____

_____

NOTAS DEL LECTOR

NOTAS DEL LECTOR

www.ingramcontent.com/pod-product-compliance
Lightning Source LLC
Chambersburg PA
CBHW021633120626
46545CB00002B/518